EDUCAR PARA LA CIUDADANÍA: LOS VALORES DEL OCIO Y EL TIEMPO LIBRE

Esta colección es un proyecto educativo preparado por la asociación "Animadores Siglo XXI" bajo la dirección de Alfonso Francia

© Mª Jesús Buitrago Rubira y Carmen Pereira Domínguez
© Ediciones Aljibe, S.L., 2007
Tlf.: 952 71 43 95
Fax: 952 71 43 42
Pavia, 8 - 29300-Archidona (Málaga)
e-mail: aljibe@edicionesaljibe.com
www.edicionesaljibe.com

I.S.B.N.: 978-84-9700-388-9
Depósito legal: MA-971-2007

Cubierta y maquetación: Equipo de Ediciones Aljibe

Imprime: Imagraf. Málaga.

Queda prohibida, salvo excepción prevista en la ley, cualquier forma de reproducción, distribución, comunicación pública y transformación de esta obra sin contar con autorización de los titulares de propiedad intelectual. La infracción de los derechos mencionados puede ser constitutiva de delito contra la propiedad intelectual (arts. 270 y sgts. Código Penal). El Centro Español de Derechos Reprográficos (www.cedro.org) vela por el respeto de los citados derechos.

Mª Jesús Buitrago Rubira
Carmen Pereira Domínguez

EDUCAR PARA LA CIUDADANÍA: LOS VALORES DEL OCIO Y EL TIEMPO LIBRE

EDICIONES
ALJIBE

A Modes

Índice

1. PRESENTACIÓN 15

2. INTRODUCCIÓN 19

3. EL TIEMPO LIBRE U OCIO 23
Introducción 23
¿Qué es el ocio? 25
¿Es necesaria una educación para el ocio? 27
Propuestas pedagógicas 28

4. OCIO Y TRANSVERSALIDAD 33
Introducción 33
La vida, una unidad 34
Un ocio más completo 34
Reflexión sobre el ocio desde la película *Barrio* 35
    Desarrollo de la actividad 36
    Actividades asociadas al ocio que aparecen en *Barrio* 36
Propuestas pedagógicas 37

5. EL JUEGO Y EL OCIO 41
Introducción 41
El juego y su sentido 41
Los beneficios del juego 43
Clasificación de los juegos 44
El juego y los temas transversales 45
Juego y educación para el consumo 46
La salud y el juego 47
Propuestas pedagógicas 48

6. LAS FIESTAS ... 55
Introducción ... 55
Características de las fiestas ... 55
Elementos de las fiestas ... 57
    Elementos esenciales ... 57
    Elementos habituales ... 60
    Elementos complementarios ... 61
La fiesta moderna ... 62
Tipos de fiestas ... 63
Las fiestas populares ... 63
Propuestas pedagógicas ... 70

7. LAS AFICIONES ... 73
Introducción ... 73
Tipos de aficiones ... 74
    Manuales ... 75
    Relacionadas con las Bellas Artes ... 76
    Relacionadas con el hogar o el ámbito doméstico ... 76
    Intelectuales ... 77
    Coleccionismo ... 77
    Otras aficiones de difícil clasificación ... 78
Los hobbies y el consumo ... 79
Propuestas pedagógicas ... 80

8. LAS LECTURAS ... 87
Introducción ... 87
Historia del libro ... 88
    Los inicios ... 88
    Los primeros códices ... 90
    Libros medievales europeos ... 90
    Libros impresos ... 91
    Libros del Renacimiento ... 91
    Libros contemporáneos ... 92
Las bibliotecas ... 93
Breve historia del periodismo ... 95
Clasificación de las lecturas, de diarios y revistas ... 96
Propuestas pedagógicas ... 98

9. LOS MEDIOS AUDIOVISUALES ... 105
Introducción ... 105
La radio ... 106
    Características generales del medio ... 106
    El lenguaje radiofónico: materiales sonoros y no sonoros ... 108
    Los programas más escuchados ... 109
    Los géneros de la radio ... 110
La televisión ... 111
    Los géneros televisivos ... 113
    La programación televisiva ... 114
    El consumo de televisión ... 116
El cine ... 116
    Nacimiento del cine ... 116
    El cine, un entretenimiento ... 117
    El cine es un arte del que disfrutar ... 118
    Los géneros cinematográficos ... 120
Propuestas pedagógicas ... 121

10. El OCIO E INTERNET ... 129
Introducción ... 129
Ventajas e inconvenientes de Internet ... 130
La seguridad en Internet ... 132
Uso de Internet entre los jóvenes ... 134
Apreciaciones a considerar ... 138
Internet y el cambio de hábitos ... 140
Propuestas pedagógicas ... 141

11. DEPORTES Y OCIO ... 145
Introducción ... 145
Beneficios de la actividad física ... 145
Dónde y cómo realizar actividad física ... 146
El ocio y los deportes ... 147
Los deportes y el ocio en la vida de los jóvenes ... 149
Los deportes y la salud ... 149
Deportes y convivencia ... 151
Propuestas pedagógicas ... 152

12. LA NATURALEZA Y EL OCIO ... 157
Introducción ... 157
El hombre y su relación con la Naturaleza ... 158
Los pueblos y las ciudades ... 159
La naturaleza protegida ... 160
Definiciones ... 161
La naturaleza y la salud ... 163
Otras posibilidades ... 164
Propuestas pedagógicas ... 166

13. GASTRONOMÍA Y TIEMPO LIBRE ... 171
Introducción ... 171
Comida y relaciones sociales ... 171
Fiestas y comidas ... 173
Turismo y gastronomía ... 174
La cocina como diversión ... 175
Invitar a los amigos y a la familia ... 177
Ocio y alcohol ... 178
Efectos del alcohol ... 180
El consumo excesivo de alcohol ... 181
Precauciones ... 182
Propuestas pedagógicas ... 184

14. EL TURISMO Y EL OCIO ... 189
Introducción ... 189
Turismo y valores ... 190
Modos de turismo ... 191
¿Cómo hacer turismo? ... 193
Para ser un buen turista ... 195
Propuestas pedagógicas ... 197

15. MÚSICA, BAILE Y TIEMPO LIBRE ... 201
Introducción ... 201
La música en la vida de las personas ... 201
Música y ocio ... 203
Música y consumo ... 205

El baile y la danza 207
Propuestas pedagógicas 209

16. EL TIEMPO DE OCIO Y EL HOGAR 213
Introducción 213
¿Qué hacer en casa? 213
Las actividades caseras 214
Aficiones de hombres y mujeres 215
Actividades de ocio en el hogar: clasificación 215
    Actividades relacionadas con las cosas 215
    Actividades relacionadas con las personas 216
    Actividades relacionadas con los animales 217
    Actividades relacionadas con las plantas 217
    Actividades varias 217
Propuestas pedagógicas 218

17. OCIO Y SOLIDARIDAD 221
Introducción 221
Ocio solidario 221
¿Qué es el ocio solidario y quién puede llevarlo a cabo? 222
Voluntariado 223
Ser voluntario 224
¿En qué se puede colaborar? 225
Propuestas pedagógicas 227

18. OCIO Y CONSUMO EN LA SOCIEDAD ACTUAL 231
Introducción 231
¿Es bueno o malo el consumo? 231
Ir de compras 232
Otras formas de consumismo en el ocio 235
Más formas de diversión consumista 237
Propuestas pedagógicas 238

19. LAS "ACTIVIDADES SIMPLES" Y EL OCIO 243
Introducción 243
Las actividades sencillas 244

    ¿Qué se puede hacer? 244
    Acciones simples para el tiempo libre 245
    Propuestas pedagógicas 251

20. REFLEXIONES FINALES 255

21. REFERENCIAS BIBLIOGRÁFICAS 257

22. PÁGINAS WEB DE INTERÉS 265

23. BIBLIOGRAFÍA RECOMENDADA 267

24. ANEXO 269
    Desarrollo de un cine-fórum 269
    Definición 270
    Objetivos 271
    Desarrollo del cine-fórum 271
        Fase de planificación 272
        Fase de ambientación 272
        Fase de proyección de la película 272
        Fase de profundización y síntesis 272
        Fase de evaluación 273

1. Presentación

*Las sociedades deben juzgarse
por su capacidad para hacer que la gente sea feliz.*
Alexis De Tocqueville

El contacto con adolescentes y jóvenes por motivos profesionales nos ha llevado a constatar que una gran parte de ellos desearía emplear su tiempo de ocio de manera diferente a como viene haciéndolo de forma habitual.

En efecto, tanto en la práctica docente como en las labores de tutoría y en el contacto con las familias, se puede comprobar la necesidad de enfocar el tiempo de ocio de otra manera, buscando no sólo la cantidad sino la calidad.

No solamente los padres y profesores se dan cuenta de ello sino que toda la sociedad en general se plantea una nueva forma de entender el tiempo libre, que cada vez es más amplio a lo largo del día o del año.

Ante la demanda de un ocio distinto, surge la necesidad de facilitar esta tarea de una manera accesible a las personas no especialistas en el tema, como podrían ser, por ejemplo, los educadores sociales y animadores socio-culturales, trabajadores de ludotecas, etc. y dirigirnos a educadores en general, padres y madres, encargados de clubs, centros y asociaciones juveniles así como a cualquiera que esté interesado en dar un nuevo sentido a su tiempo libre.

Si bien es cierto que hay obras teóricas de gran interés y calidad sobre el tema, suelen dedicarse a un público especializado y se apartan de la práctica o se centran sólo en ciertos aspectos de la educación para el ocio.

Con este libro queremos aunar teoría y práctica de tal modo que tanto padres como profesores y educadores en general, tengan tanto una base teórica de distintos aspectos de la actividad lúdica como una serie de propuestas pedagógicas para llevar a cabo.

La mayoría de las actividades se realizaron con el alumnado de María Jesús Buitrago a lo largo de su experiencia docente en diversos Institutos de Educación Secundaria (I.E.S.). En el curso 2004-2005, la Consellería de Educación de la Xunta de Galicia le concedió una licencia para elaborar material didáctico sobre la educación para el tiempo libre; un momento idóneo para reflexionar sobre todo lo experimentado. Parte de este material se recoge en la obra que ahora presentamos.

Los temas y las propuestas pedagógicas son elementos de trabajo que abren nuevas perspectivas a una faceta educativa descuidada muy a menudo, quizás por falta de información, y porque escasean las publicaciones que aborden de forma conjunta la teoría y la práctica de este aspecto vital para el desarrollo armónico de la personalidad.

Sí, es verdad que se nos ha insistido siempre en hacer un trabajo de calidad, pero, ¿se nos ha educado para tener un ocio que esté a la altura de aquél? Parece que el tiempo libre no puede ser un espacio para la educación y la mejora personal y social.

La sociedad se limita a ofrecer una serie de posibilidades para entretenerse en el tiempo de ocio, pero se desentiende a la hora de formar ciudadanos conscientes y responsables del mismo. Así, pueden encontrarse personas muy competentes en el ámbito profesional, pero con un ocio de baja calidad, alienante, consumista, lleno de egocentrismo, insolidario... Posiblemente no tengan apenas culpa de esto, pues aunque han recibido una buena formación profesional, no ha existido paridad en este aspecto tan enriquecedor para la vida humana como es el del tiempo libre.

Teniendo en cuenta que el tiempo de ocio va en aumento en las sociedades avanzadas, cada vez hay más educadores conscientes de la necesidad de llenar este vacío y que demandan un ocio impregnado de valores.

Es evidente que los períodos de ocio se pueden cubrir de muchas maneras, pero la elección de las actividades que se van a llevar a cabo ayudan a configurar incluso el valor de lo que una persona deja a su paso por este mundo.

Pensemos en los jóvenes que se dedican a ayudar a los demás en tareas solidarias de todo tipo, o en los que se centran en el consumo de alcohol en los llamados "botellones". Los hay que canalizan sus inquietudes en actividades deportivas, artísticas, ecologistas, y los hay que se limitan a apoltronarse en un sofá y a cambiar de canal de televisión. Está claro quiénes serán los ciudadanos que saquen adelante la sociedad en el día de mañana.

El mundo globalizado en el que vivimos necesita personas con criterio y valores, que sepan conjugar la defensa de las costumbres locales, las que nos arraigan en nuestro entorno, con nuestra gente y a la vez valoren lo que otras culturas y otras personas en diferentes lugares han aportado a todo el planeta. Por eso, a la hora de elaborar este material, hemos intentado contemplar la realidad desde diferentes ángulos, con el fin de que al ser utilizado, los jóvenes aprendan a ponerse en el lugar del otro, a compartir con otras personas sus aficiones, a tomar conciencia y sensibilidad y ser más responsables con la riqueza cultural, lúdica, festiva, ecológica, artística.... que han heredado; en definitiva, a crecer y mejorar como personas y convivir en ambientes de ciudadanía pacífica.

Alguien dijo que la gente se siente sola porque construye paredes en vez de puentes. Tendámoslos nosotros para crear con nuestra labor educativa un mundo más justo y mejor.

LAS AUTORAS

2. Introducción

¿En qué consiste el ocio? ¿Es necesario dedicar un tiempo específico al descanso y relax? ¿Qué características debe tener el mismo, en caso de ser beneficioso para el desarrollo de la personalidad y para llevar una vida armónica?

A esta y otras cuestiones similares se dedica el primer capítulo del presente libro.

El segundo hace referencia al tema de la transversalidad: el ocio abarca diversos aspectos de nuestra vida y, en el ámbito educativo reglado, se puede relacionar con la mayoría de los llamados "temas transversales". Estos podrían definirse como una serie de conocimientos que deberían ser aprendidos en la escuela a través de todas las asignaturas del currículum sin ser específicos de ninguna de ellas. Algunos de estos son: educación para la paz, educación ambiental, educación para la igualdad entre sexos, educación para la salud, educación para el consumo, educación vial... En la propuesta de las actividades para realizar al finalizar cada tema, se han tenido en cuenta estos y otros ejes transversales que afectan al tiempo libre, con el fin de poder trabajar dichos conocimientos de forma simultánea.

Otra característica de este trabajo es la importancia que se le ha querido conceder al tema de la educación en valores. No se trata de aprender a pasarlo bien, sino de mejorar también como personas a través del ocio. Por ello, los valores impregnan el libro como un leit-motiv que se repite a lo largo de todas sus páginas. Así, al abordar, por ejemplo, el tema de las fiestas, se hace hincapié en que deben ser un momento de pensar en los demás y hacerles la vida agradable; cuando se trata el capítulo de la gastronomía, nos referimos al gozo de compartir los momentos de las comidas con los que nos rodean, y lo mismo sucede con otros temas. Por ejemplo, en los que se reflexiona sobre la discapacidad, el ver las cosas con los ojos de personas de distintas edades, culturas, razas, ideologías valorando todo lo que nos puedan aportar otras personas.

Relacionado de forma muy íntima con los valores, se dedica un capítulo al ocio solidario, otro al consumo y su relación con el tiempo libre –en nuestra sociedad casi no se concibe el ocio que no conlleve algún gasto– y, por último, un capítulo dedicado a lo que podríamos denominar, "actividades simples".

La mayor parte del libro estudia aspectos del ocio que tienen o pueden presentar ciertas dificultades: no todas las personas pueden acceder a los viajes, o a practicar determinados deportes o juegos, y hay aficiones que requieren una fuerte inversión de tiempo y dinero. A medida que ha ido mejorando el nivel económico de nuestra sociedad, esencialmente consumista, el ocio se ha imbuido de este aspecto dinerario y se han ido olvidando o considerando como de menor categoría o calidad actividades quizás mucho más positivas y llenas de valores como las que hemos denominado "actividades simples": contemplar un paisaje y disfrutar de él, hablar con la familia y las amistades, ordenar las cosas personales o de la casa, regar las plantas, caminar, pensar y meditar tranquilamente... Acciones, en apariencia triviales con las que muchas personas disfrutan y hacen mejor su propia vida y la de los demás.

Por último, queremos señalar que los capítulos abordados y las propuestas pedagógicas son apuntes en los que el educador se puede apoyar para tratar estos temas, sin, por supuesto, habernos marcado el objetivo de abarcarlo todo, ya que cada uno de estos capítulos y actividades bien podrían constituir el contenido de un libro específico. Deseamos tratar el tema de modo accesible y práctico, desde metodologías participativas, de ahí el elenco de actividades y recursos didácticos brindados, siendo conscientes de que son la base para que los educadores que los utilicen se sirvan de ellos, los amplíen y recreen por su cuenta, adaptándolos a sus necesidades personales.

El final del libro contiene un anexo en el que se dan unas pautas sobre cómo se puede desarrollar un cine-fórum. Además de las referencias bibliográficas se añade una bibliografía recomendada y unas direcciones de algunas de las innumerables páginas webs que pueden consultarse para ampliar información relacionada con el tema que nos ocupa y que esperamos sean de utilidad.

3. El tiempo libre u ocio

INTRODUCCIÓN

El ocio forma parte de la vida humana y está vinculado a la forma de ser persona que tenemos y ésta está claramente influida por el tipo de sociedad en que vivimos (Meirieu, 2004; Touraine, 2005 y Marina, 2006). Pensar que el ocio que se da entre los jóvenes es "casualmente" así no tiene sentido. Hay tendencias en nuestras sociedades y culturas en el mundo juvenil que influyen en ello, y hay intereses muy fuertes, fundamentalmente económicos, en fomentar, potenciar y sacar partido a esas tendencias.

Por eso mismo, puede ser casi obligatorio para los "educadores" –padres, profesores,...– pensar qué es lo que está pasando y actuar, ayudar a los jóvenes a mejorar su ocio que será, en definitiva, mejorar su forma de ser personas (Quintana, 1993; Touriñán, 1997; Rodríguez Neira, 1999; Ortega, Mínguez y Gil, 1996; Romero, 2000; Núñez, 2000; Escamez, 2001; Martínez, 2001; Martínez y Bujons, 2001; Esteve, 2003 y Santos y Touriñán, 2004).

Desde esta perspectiva, se puede contemplar la ambivalencia del ocio –para lo mejor y lo peor, con todas las variaciones y matizaciones intermedias– como sucede en tantas facetas de la vida humana y, a fin de cuentas, en la vida humana en sí. Es una posibilidad para evadirse, deshumanizarse, alienarse o, por el contrario, para cultivar aspectos sociales, familiares, recreativos, culturales, de ejercicio físico... que durante el período estrictamente laboral tenemos más dificultad para llevar a cabo y en los tiempos de ocio se pueden realizar mejor, con más calidad, intensidad o dedicación temporal.

También se comprende que el ocio está relacionado con el tipo de trabajo (no-ocio). Puede buscarse como descanso, más o menos físico, de cambio y ruptura con el trabajo, porque éste nos hace necesitarlo, pero también como posibilidad de "reparar", "recrear", "rehumanizar" porque el período laboral a veces nos deshumaniza o no nos deja dedicarnos todo lo que nos gustaría o debiéramos cultivar determinadas facetas. Basta analizar qué se hace en el período laboral y comprobar la existencia de muy diferentes tipos y ritmos de trabajo (Puig y Trilla, 1996; Buxarrais, 1997; Jover, 1998; Vázquez, 2001 y Schujman, 2004). También es preciso señalar que la edad puede privilegiar, o hacer más conveniente –o incluso necesario–, un tipo de ocio.

La escuela puede ser un medio para aprender el ocio, pero también habría que pensar en "clubs", asociaciones de familias, agrupaciones de jóvenes, porque dejar a cada familia que lo solucione por sí misma es pedirles demasiado a muchas de ellas. Paralelamente, los grupos de jóvenes están demandando a gritos, aunque no lo expresen con claridad, que haya organizaciones lúdicas, deportivas, de convivencia... porque, aunque quieren y necesitan independizarse de los adultos –padres, profesores–, acaban yendo a la deriva y siendo plenamente colonizados por los "profesionales" que recogen el dinero que los jóvenes obtienen de los padres y no van a tener ningún escrúpulo para recurrir a lo que sea. ¡Cuánto dinero mueve el consumismo de los jóvenes y qué bien saben algunos fomentarlo y dirigirlo! (Arroyo, 2002 y Hoyos y Martínez, 2004).

Existe un gran número de palabras referidas a la realidad que se va a abordar: tiempo libre, ocio, vacaciones, tiempo liberado, recreo, etc., aunque no son estrictamente sinónimas, pero sí tienen un componente común, que es su oposición al término trabajo, a las obligaciones, a lo que se debe hacer, bien para ganarse el propio sustento, bien para satisfacer las necesidades básicas de alimentación, higiene, sueño, descanso, etc.

El tiempo libre, –al que denominaremos indistintamente con cualquiera de los sinónimos de aquí en adelante– sería el que nos queda después de cubrir nuestras necesidades y cumplir nuestras obligaciones: en él podemos hacer lo que queramos, según nuestros gustos o preferencias, sin que haya otros condicionantes. Es un tiempo dedicado al placer personal, que no tiene por qué ser productivo; es un tiempo para nosotros.

Aunque en líneas generales esto es así, podemos considerar si este ocio debe ser de tal manera: para nosotros, según nuestros gustos, o si, al menos en alguna medida, debemos contar con los demás; si debe ser en nuestro propio beneficio o si es conveniente que mejore la comunidad a la que pertenecemos. Es decir, convendría plantearnos si existe una ética del ocio (Cortina, 2002; Cobo, 2005).

Para ello, debemos saber, en primer lugar, qué es el ocio.

¿QUÉ ES EL OCIO?

La palabra griega que designa el tiempo libre, "escholé", originó la latina "schola", el lugar de la creación, la enseñanza de la cultura, la inspiración artística, no el tiempo para la holganza y la inactividad. El tiempo libre, por tanto, estaría para crear, para la inspiración artística, para cultivar el espíritu.

El término ocio (reposo) deriva del latín y significa lo opuesto al negocio (ocupación, quehacer).

Hay múltiples puntos de vista para definir lo que es el ocio, pero simplificando podemos decir que es *"el tiempo para hacer lo que queremos"*.

O también, *"es un derecho humano básico que favorece el desarrollo y del que nadie debería ser privado por razones de género, orientación sexual, edad, raza, religión, creencia, nivel de salud, discapacidad o condición económica; un derecho reconocido jurídicamente por distintas legislaciones"*. (Cuenca, 2005: 21).

¿Qué notas definen el tiempo libre?

Las más significativas serían:
- ✓ Que sea un tiempo de descanso, dedicado al entretenimiento.
- ✓ Que haya libertad de elección y realización.
- ✓ Que resulte placentero.
- ✓ Que exista una motivación intrínseca en su realización.
- ✓ Que no busque la obtención de beneficios.

No obstante, para que el tiempo de ocio sea realmente bueno, enriquecedor, debería tener una serie de características:
- Que active la creatividad interna.
- Que nos mejore como personas.
- Que sea un factor de equilibrio para lograr una personalidad armónica.
- Que fomente la responsabilidad individual.
- Que sea comprometido, no pasivo ni consumista.
- Que nos depare bienestar.

El resultado de la sociedad industrial ha sido la conquista de mayores cantidades de tiempo libre a nuestra disposición. A partir de la introducción de las máquinas en las fábricas, las personas han visto incrementado el número de horas de las que pueden disponer para hacer lo que deseen. Además, se ha regulado el período de descanso de los trabajadores: normalmente se trabaja de lunes a viernes, hay vacaciones pagadas, estipuladas por la ley, a veces se hacen los llamados "puentes"... La esperanza media de vida ha aumentado, y hay un gran número de personas jubiladas que disponen de mucho tiempo libre, unido a la más tardía incorporación de los jóvenes al mercado laboral. Se disfruta, en fin, de más tiempo de ocio, unido a una mayor oferta de actividades.

A la par que se dan estas facilidades para ejercitar el tiempo de ocio, aumenta el número de posibilidades que se tiene para ejercerlo, surgiendo así, el negocio del ocio, que en muchos países es una de sus principales fuentes de riqueza.

¿ES NECESARIA UNA EDUCACIÓN PARA EL OCIO?

Si consideramos que éste es un tiempo a nuestra libre disposición para hacer lo que queramos, habríamos de responder que no: bastaría con dejarse guiar por los propios gustos sin más, para ocuparlo. Si, por el contrario, creemos que debe servir para mejorarnos a nosotros mismos y a los demás, quizás debamos plantearnos si este ocio puede ser mejor o de más calidad que el que nosotros tenemos de forma "espontánea".

Partiendo de la base de que hay un tiempo libre mejor que otro, como ya hemos especificado en párrafos anteriores, deberíamos intentar que tanto el nuestro como el de nuestro alumnado fuese un ocio de calidad tanto cualitativa como cuantitativamente. Sin embargo, a menudo comprobamos que las personas se dejan llevar por modas en sus hábitos de descanso, por la pereza, la comodidad, o simplemente, desconocen otras formas mejores de emplearlo.

Es frecuente oír a los educadores quejarse de la televisión, de los videojuegos, de Internet, etc., pero en la mayoría de los casos no ofrecen nada para hacer descubrir a la gente otras opciones para disfrutar del tiempo libre de forma satisfactoria.

Parece, pues, que es necesaria cierta educación para el ocio, con el fin de que éste sea de mayor calidad (Vargas, 1995; Cuenca, 2000a, 2000b y Giaconne y Schiavetta, 2001)

En primer lugar, hay que contar con el componente familiar: la familia debe ser la principal educadora y responsable de los chicos y chicas, y la escuela debe completar su labor de forma subsidiaria. Son los padres y las madres los primeros educadores y a quienes corresponde también la tarea de educar para el ocio, explicando a sus hijos qué es lo positivo o lo negativo para ellos, según determinados valores. Así, en unas familias se le dará una gran importancia al deporte, en otras querrán educar hijos solidarios, que dediquen su tiempo libre a los demás, y en otras, ni siquiera se plantearán el tema y lo dejarán a merced de lo que las circunstancias vayan deparando.

La escuela puede y debe ayudar a la familia en su labor formativa en la educación para el tiempo libre, en la medida de sus posibilidades: orientando al alumno, abriéndole nuevos horizontes, descubriéndole otras posibilidades de ocio que no conoce o no ha practicado, etc.

En definitiva, la escuela debe ser una ventana abierta a este mundo que acaba justo cuando ella cierra sus puertas.

La educación escolar podría estar caracterizada por:
- Tener relación con las necesidades y expectativas de los chicos y chicas.
- Fomentar el compromiso.
- Activar la responsabilidad individual hacia el propio tiempo libre.
- Desarrollar la diversificación e individualización.
- Constituir un proceso liberador de prejuicios y/o estereotipos sobre cómo debe ser el ocio.
- Sentar las bases de un ocio humanizador.
- Animar al alumnado a diseñar su propio ocio, sin dejarse arrastrar por lo establecido.
- Oponerse a un ocio consumista, insolidario o degradante para la persona.

PROPUESTAS PEDAGÓGICAS

En esta ficha vamos a reflexionar sobre el tiempo libre y para eso vas a contestar las siguientes cuestiones.

1. ¿Alguna vez te has sentido aburrido, sin saber qué hacer con tu tiempo? _____

¿Te gustaría conocer otros modos de distraerte? ___

¿Crees que hay mejores formas de ocupar el tiempo libre que las que tienes habitualmente? _____
_____

(Si has contestado de forma positiva a las tres preguntas, sigue leyendo).

2. ¿Te has parado alguna vez a pensar en el tiempo? Pasa muy rápido cuando estamos bien, pero parece no avanzar si nos encontramos mal, ¿verdad? Esto es porque el tiempo tiene una vertiente objetiva y otra subjetiva.

Veamos un ejemplo: si estás distraído y disfrutando, una hora se pasa volando. El tiempo, para ti (subjetivo) es corto, breve. Pero ha sido la misma hora (objetiva) de reloj que para cualquier persona.

Todas las personas disponemos del mismo tiempo, pero depende de cómo lo organicemos, podemos obtener unos resultados u otros, manejarlo de manera diferente, sentirnos bien o mal.

¿Eres capaz de explicar estas expresiones en las que aparece la palabra *tiempo*? Puedes comentarlas con tu compañero o compañera y ponerlas en común con toda la clase.
- ✓ Tener tiempo para todo.
- ✓ Perder el tiempo.
- ✓ Hacer tiempo.
- ✓ Aprovechar el tiempo.
- ✓ Matar el tiempo.
- ✓ Sacar tiempo para algo.
- ✓ Pasar el tiempo.
- ✓ Tener tiempo.
- ✓ Tiempo muerto.
- ✓ Tiempo libre.
- ✓ Ser alguien de su tiempo.
- ✓ Marcar el tiempo.

Después de analizarlas, llegarías a la conclusión de que el tiempo se puede aprovechar o malgastar. Con estas fichas te queremos ayudar a que aproveches bien el tiempo libre para que se te pase volando.

3. Escribe en este cuadro una tormenta de ideas acerca de la expresión *tiempo libre:*

A continuación, di cómo valoras estas afirmaciones.
Si estás totalmente de acuerdo, le pones un 4.
Si muy de acuerdo, un 3.
Bastante de acuerdo, un 2.
Si sólo estás algo de acuerdo, un 1.
Y si no estás nada de acuerdo con la afirmación, le das un 0.

– *El tiempo libre sirve par hacer lo que me dé la gana.*
– *Puedo aprovechar el tiempo libre mejor de como lo aprovecho ahora.*
– *El ocio es un tiempo que no sé emplear bien.*
– *Hago lo que hacen todos para divertirse aunque me aburra.*
– *Me gustaría probar nuevas formas de entretenerme.*
– *Creo que nadie puede enseñar a divertirte.*
– *Tengo poco tiempo para mis aficiones.*

¿Qué resultado has obtenido?

¿Crees que puede mejorar tu forma de divertirte?

Debatimos entre todos este tema

4. Examina cómo es tu tiempo de ocio. Vas a escribir cuánto tiempo libre y de trabajo tienes a diario, los fines de semana y las vacaciones.

	Diario	Fin de semana	Vacaciones
Trabajo			
Ocio			
Otras ocupaciones			

Ahora, reflexiona sobre qué es lo que más y menos te gusta hacer en esos ratos libres:

Me gusta mucho.........	
Me agrada bastante.......	
Me gusta poco.........	
Me disgusta........	

¿Existen más actividades placenteras que desagradables o al revés?
¿Por qué crees que te sucede esto?
¿Hay alguna posible solución? Señálala.

5. Coge un periódico local y busca junto con tu compañero en todas las páginas lo que encontréis relacionadas con el ocio: exposiciones, cines, museos, conferencias, conciertos, viajes, competiciones...

¿Localizáis muchas actividades? ¿Cuántas?

Comentad entre toda la clase cuál de ellas es la que más frecuentáis y cuáles las que menos.
Ya ves cómo se pueden hacer muchas cosas en el tiempo libre, que quizás ni se te habían ocurrido.
A lo largo de estas propuestas, iremos viendo algunas de ellas para brindarte nuevas oportunidades de que conozcas otras formas de ocio.

6. Evalúa cómo es tu tiempo libre y cómo te gustaría que fuera.

– Actualmente es:

– Me gustaría que fuera:

– Para ello, debería tomar estas medidas:

4. Ocio y transversalidad

INTRODUCCIÓN

Se dice que algo es transversal cuando se desvía de la línea recta, cuando atraviesa algo de un lado a otro. Los ejes transversales del currículum son aquellos que lo atraviesan, lo cruzan o impregnan de una u otra forma.

El Diseño Curricular Base (D.C.B.) del Ministerio de Educación se refiere a los temas transversales como "contenidos educativos valiosos" que todo el profesorado debe tener en cuenta a la hora de programar sus asignaturas, con el fin de completar la formación de los alumnos (MEC, 1992).

Cualquier profesor que se haya visto realmente implicado en esta labor, ha podido comprobar la interrelación que existe entre estos temas: cuando se trabaja uno de ellos, inevitablemente acaban apareciendo otros más o menos afines. Por ejemplo, al tratar el de la educación para el ocio surgirán temas sobre salud, consumo, educación vial, educación medioambiental, etc.

Así pues, a través de las actividades que se realicen sobre ocio, se podrán ir tocando, de forma más profunda o más tangencial, temas transversales recogidos en el D.C.B.: Prevención de drogodependencias, Educación para el consumo, Educación para la paz y la convivencia, Educación para la igualdad entre los dos sexos, Educación medioambiental, Educación ética y cívica.

LA VIDA, UNA UNIDAD

A medida que los alumnos van madurando y adquiriendo experiencia personal, pueden comprobar cómo todas sus acciones u omisiones tienen una repercusión en las personas que les rodean: todo lo que hacemos u omitimos repercute en los demás. Si tenemos que hacer algo y no respondemos, o bien lo tiene que realizar otra persona por nosotros, o bien quedará sin cumplir.

Si los alumnos están bien formados como personas responsables, irán madurando y asumiendo el papel que les ha tocado o han elegido desempeñar en la sociedad en la que viven, con la consiguiente mejora de la misma. Todo ello supone un esfuerzo personal que debe ser impulsado, apoyado y estimulado por la familia, por la escuela y por otros agentes sociales.

Un alumno o alumna más y mejor formado en cualquier ámbito será, sin duda, un punto de apoyo en el que la sociedad pueda confiar para ir adelante.

El papel de la escuela, como hemos dicho, es muy importante en la formación de los alumnos y una parte de ésta consiste en concienciarlos de que en sus manos está el cambiar lo que no va a mejorar aunque esté en funcionamiento.

La etapa de la adolescencia se caracteriza por un fuerte espíritu crítico, que, debidamente encauzado, es un motor de cambio y mejora del mundo en que vivimos. Por eso, es necesario que los chicos y chicas se den cuenta de que las cosas pueden y deben mejorarse y de que todos tienen algo que aportar en la mejora de la sociedad: ninguno es una pieza suelta de un engranaje; el mundo en el que vivimos está compuesto por múltiples elementos, que, bien coordinados y cumpliendo su función, lo harán más grato y habitable.

UN OCIO MÁS COMPLETO

No es infrecuente que tanto las personas adultas como las más jóvenes se quejen de estar aburridas, de que existen pocas oportunidades para divertirse o de que su ocio es bastante escaso y rutinario. (Martín, 1998, 1999 y González Blasco y otros, 2006).

Desde pequeños se nos inculca el valor del trabajo, de la dedicación a actividades "productivas", se nos insiste en que hay que aprovechar bien el tiempo, pero raramente se nos enseña a disfrutar de él de forma equilibrada, creativa, completa.

Podría decirse que, aunque aumente nuestra formación personal, no se nos proporciona una adecuada educación para el ocio.

El ocio debería de ser de la mayor calidad posible, aquel que realmente nos aportara una mejora como personas, el que más nos ayudara a realizarnos, y que en cada caso, tendrá, por lo tanto, sus características peculiares, puesto que cada persona es irrepetible.

Los gustos personales, las capacidades físicas, intelectuales, el tiempo disponible y otras variables influirán en cómo es el ocio de cada persona: no será el mismo el de una persona recién operada en un hospital que el de una niña de siete años del medio rural o el de un ejecutivo de mediana edad muy absorbido por sus obligaciones laborales (Andrade y Pereira, 2004).

En cualquier caso, lo importante es que cada persona disfrute de un ocio de calidad, completo.

REFLEXIÓN SOBRE EL OCIO DESDE LA PELÍCULA *BARRIO*

En este apartado analizaremos, a partir de una película, distintos aspectos del ocio de tres adolescentes: sus ratos libres serán el espejo donde los alumnos puedan mirarse para compararlo con el propio y ver si realmente les parece de calidad, completo, o si podría mejorarse.

Se ha elegido esta película, *Barrio,* de Fernando León de Aranoa, (España, 1998) porque refleja múltiples elementos relacionados con el ocio de los adolescentes y es una obra que les resulta cercana, amena y que fomenta la reflexión.

Ray, Manu y Javi son tres amigos de 15 años, que viven en el mismo barrio y pasan juntos sus ratos libres en el verano: cada uno de ellos vive una situación personal conflictiva que se ve plasmada con cierta crudeza pero también con humor en algunos momentos a lo largo de toda la película.

¿Cómo llenar el tiempo libre de un verano en un barrio marginal de Madrid sin apenas recursos económicos ni apoyos familiares?

Desarrollo de la actividad

El profesor o profesora verá y planificará la película antes de trabajarla con la clase, e irá descubriendo los aspectos vinculados con el ocio que le parezcan más relevantes (Instituto Pedagógico Padres y Maestros, 2003: 21-23).

Se verá la película con toda la clase y se harán las actividades propuestas u otras que puedan surgir a partir del debate suscitado o las sugerencias de los alumnos.

Actividades asociadas al ocio que aparecen en la película *Barrio*

Manu *lee* un cómic en el parque.

Los tres amigos emplean su tiempo en *charlar* sobre distintos temas.

En la familia de Javi ven la *televisión,* en la que se habla de vacaciones, de la operación retorno y el turismo.

Música: Susi, la hermana de Javi, la oye y baila en su cuarto; los tres amigos escuchan música en un hipermercado; en la habitación de Javi hay posters de grupos musicales; éste escucha música para no oír la discusión de sus padres...

Bares: se acercan a uno para vender flores robadas y en otro toman algo el día del cumpleaños de Manu.

Fiestas: hacen una fiesta tropical en un descampado. Manu celebra su cumpleaños con su padre en casa.

Paseos: por la noche, los tres amigos van a dar una vuelta hasta un descampado donde hay un contenedor con desperdicios; Ray invita a Susi a pasear un día después de comer.

Bailes: Susana baila en su habitación; los tres amigos van a una discoteca; en la fiesta tropical bailan con un maniquí de cartón.

Fútbol: los niños juegan en el parque; hablan de ello en la fiesta tropical y en la tienda de trofeos.

Piscina: Susi va a ella; los tres amigos bromean sobre cómo llevar la moto acuática que ha ganado Ray.

Otros: Manu inventa un juego que consiste en "pedirse" coches.

Hablan de equitación y ajedrez en la tienda de trofeos. Observan el espectáculo de unos gitanos con una cabra.

Ray juega a ser un equilibrista. Explica cómo se juega a la ruleta rusa con una pistola.

PROPUESTAS PEDAGÓGICAS

El ocio se relaciona con muchos aspectos de la vida sobre los que también reflexionarás en el centro escolar: educación vial, educación para la salud, cuidado del medio ambiente, educación para el consumo, y otros más. Esto ocurre porque la vida es una unidad en la que todo se vincula e interactúa.

Vamos a ver una película, *Barrio,* que nos muestra la vida de tres chicos de quince años, Manu, Javi y Ray, y en qué emplean su tiempo libre durante el verano. A través de sus vivencias, podrás analizar sobre cómo es su ocio y sacar tus propias conclusiones. Al finalizar la actividad, tal vez creas que puedes cambiar algo de tu tiempo libre.

1. La película acaba y empieza de la misma manera, pero al final se descubren más cosas sobre lo que sueñan los personajes. ¿Qué otras cosas se saben sobre ellos?

¿Te has fijado dónde están sentados contemplando el espectáculo? ¿Es un lugar seguro? ¿Se observan en la película otras situaciones de riesgo para los tres amigos? Enuméralas. Haz una lista con las posibles situaciones de riesgo que puede haber en tus ratos de ocio.

2. Los amigos hablan del turismo y uno de ellos dice que nunca ha estado en la playa, ¿quién? ¿Por qué crees que nunca ha hecho esta actividad de ocio? ¿A dónde sí han ido a veces en lugar de la playa?

3. Ray quiere ganar un sorteo de un viaje y para ello, ¿qué hace? Comenta con tu compañero su actuación: ¿Qué os parece ésta? ¿Consigue el viaje? ¿Cómo resulta todo?

4. ¿Qué actividades de ocio realizan los tres chicos cuando están juntos? Enuméralas y explica si con ellas se divierten, si son creativas, si son sanas, si les hacen mejorar como personas...

5. Uno de los amigos gusta del riesgo: hace equilibrios, quiere jugar a la ruleta rusa: ¿Qué más prácticas arriesgadas se ven en la película? ¿Cómo acaba este personaje? Cuando están jugando a pedirse coches, ¿cuál es el que le toca a él? ¿Tendrá algún significado dentro de la película?
Imagina que estás con Ray: ¿qué le aconsejarías respecto a su comportamiento? Ofrécele al menos tres razones para convencerlo con tus argumentos.

6. Manu, Javi y Ray se reúnen en las afueras del barrio donde viven: ¿Qué hacen en esos momentos? ¿Cómo puede influir ese lugar en su salud? ¿Por qué?
Javi recicla un oso de peluche que encuentra en el contenedor. ¿Qué te parece respecto a la higiene? ¿Tendrá algún riesgo de enfermedad? ¿Qué dice sobre la limpieza en su casa?

7. La música tiene para ellos un lugar destacado: Señala en qué secuencias de la película aparece. ¿Cuál de las situaciones te parece la más cercana a tu tiempo de ocio? ¿Y la más extraña o alejada?

8. En la película se muestran dos fiestas: la del cumpleaños de Manu y la fiesta tropical. Siguiendo las indicaciones del profesor, comentad los aspectos de ambas. He aquí algunas ideas: ¿Por qué son fiestas tristes? ¿Qué elementos deberían cambiar para que fueran unas fiestas verdaderas? ¿En cuál hay más amor entre las personas? ¿Simbolizan algo o nos quieren transmitir algún mensaje?

9. Cuando vuelven de la discoteca de celebrar el cumpleaños de Manu pierden el metro y descubren una realidad más dura que la suya. ¿Cómo es el ocio de esas personas? ¿Por qué crees que se nos quiere mostrar ese aspecto de la realidad?

10. ¿Cuál de los personajes tiene menos tiempo libre? ¿Por qué? ¿Les gustaría a los otros estar en una situación parecida? Explícalo.

11. ¿Qué actividades son las que más practican en sus ratos libres? ¿Hay alguna que destaca entre las otras? ¿Cuál es, en tu opinión la mejor de ellas y por qué?

12. Ray consigue una moto náutica y "con ella en la playa se puede ligar mogollón". ¿Hay alguna actividad de ocio relacionada con su vida afectiva? ¿Con qué actividades te puedes relacionar afectivamente y estrechar lazos con otras personas?

13. Proponed una serie de medidas que se podrían adoptar en el barrio donde viven los tres amigos con el fin de aumentar la calidad del tiempo libre de la gente joven.

5. El juego y el ocio

INTRODUCCIÓN

El pensador holandés Johan Huzinga (1987:15) describió al hombre como "homo ludens", el hombre que juega, característica que le acompaña desde su nacimiento hasta que muere. Todas las personas necesitan del juego para su buen desarrollo psíquico, social, afectivo, motriz e intelectual.

A cada edad le corresponde un tipo de juego y una mayor o menor dedicación a esta actividad: los niños y niñas pequeños pasan la mayor parte de su tiempo jugando, que es su forma de conocer y conocerse, y las personas mayores lo hacen en determinados momentos y con otras características diferentes. En cualquiera de los casos, el juego es igualmente necesario para ambos.

EL JUEGO Y SU SENTIDO

Muchos filósofos, antropólogos, pedagogos, psicólogos, sociólogos y pensadores en general han reflexionado sobre el sentido del juego en los humanos.

Laín Entralgo (1993: 31-33) dice que el juego es una vía de acceso a la realidad: jugando, los niños aprenden a conocer el mundo que les rodea, los adultos se relacionan con otras personas y las comprenden mejor –"En la mesa y en el juego, se conoce al caballero", dice el refrán–, descubren facetas de la realidad que no habían explorado, por ejemplo, ejercitando la imaginación en determinados juegos, etc.

El juego, sigue afirmando Huizinga, es una actividad *libre*, no hay obligación de realizarla; *gustosa*: se juega porque produce placer; *inútil*: se puede abandonar en cualquier momento sin que ocurra nada, y *repetible*: ya que se puede volver a ella, porque es gustosa, en cualquier momento.

Este autor cree que hay unas formas inferiores del juego, las de los niños, que juegan por distracción, y otras superiores, las de las personas adultas, que son trascendentes y se relacionan con la esfera de la fiesta y del culto.

El pensador Alfonso López Quintás (1998: 47), señala que el juego no tiene más fin en sí mismo que producir un gozo que se deriva de la propia acción de jugar, independientemente del éxito que se obtenga.

Caillois (1957), que ha estudiado en profundidad el tema del juego asegura que éste presenta una serie de características que le son propias:

- ✓ Libre: nadie está obligado a jugar. Si deja de divertir, pierde su esencia.
- ✓ Separado: se limita a un espacio y un tiempo definidos de antemano.
- ✓ Incierto: resultados y desarrollo dependen de los jugadores.
- ✓ Improductivo: no crea bienes ni riquezas.
- ✓ Reglado: se ajusta a normas que no tienen por qué ser las de la vida real.
- ✓ Ficticio: se aparta de la realidad de la vida corriente.
- ✓ Se da un culto a la estrategia.
- ✓ Se idealiza el cuerpo y la naturaleza.
- ✓ Se exalta al vencedor.
- ✓ Se fomenta un enriquecimiento mutuo entre protagonista y antagonista.

La acción lúdica divierte cuando la persona participa activamente en el juego, la libera de la vida cotidiana y produce en ella una especie de resplandor y alegría.

LOS BENEFICIOS DEL JUEGO

Tanto para los niños como para las personas mayores y ancianas, el juego presenta una serie de beneficios que se señalan a continuación (Cuenca, 2005: 175-180):
El juego beneficia al niño:
- Porque éste necesita movimiento, tan imprescindible como comer o dormir.
- Satisface su necesidad de ejercicio físico.
- Incrementa su imaginación, su equilibrio emocional, la comprensión de sí mismo.
- Es un canal de expresión de sus deseos y su lenguaje.
- Desarrolla el conocimiento del propio cuerpo, las percepciones, las emociones, la comprensión de sí mismo, las costumbres y valores de su entorno; favorece la inteligencia.
- Aprende a relacionarse con los demás: familia, compañeros de juego, y se comunica con ellos.
- ...

El juego beneficia a las personas adultas porque:
- A través de éste, conecta con otras personas.
- Contribuye a estructurar el lenguaje y el pensamiento.
- Mejora el equilibrio psicosomático.
- Estimula la expulsión de las tensiones interiores actuando de forma catártica.
- Produce una evasión saludable.
- Reduce la sensación de gravedad ante los fracasos y errores.
- ...

Respecto a las personas ancianas, se pueden señalar estos mismos beneficios, a los que cabe añadir que mantiene su mente despierta, favorece que se relacionen con otras personas y palía la soledad y la falta de comunicación. Los juegos físicos contribuyen, además, a su buena forma corporal y motriz.

Si el juego se hace entre personas de edades diversas, favorece el intercambio generacional y la comprensión y el intercambio de lo mejor de cada una de esas edades: el niño aporta su ingenuidad y el adulto su experiencia.

El juego en familia cohesiona a sus miembros y fomenta el amor, la comprensión y el conocimiento entre ellos. Aumenta el estado anímico positivo.

CLASIFICACIÓN DE LOS JUEGOS

No resulta sencillo hacer una clasificación de los juegos, puesto que algunos de ellos se pueden considerar bajo distintos aspectos y se encuadrarían en un apartado u otro; hecha esta aclaración, podrían clasificarse como sigue:

- Juegos físicos: carreras, saltos, lanzamientos, los de dar alcance a algo o a alguien, etc.
- Juegos intelectuales: matemáticos, lógicos, de improvisación, de imitación, de rol, de adivinación, etc.
- Juegos mixtos: en ellos se combina el ejercicio de la mente y del cuerpo a la vez.
- Juegos de mesa (son juegos intelectuales también): con tableros, con cartas, con fichas....
- Juegos de azar: son aquellos en los que interviene la suerte, sin que los jugadores puedan decidir sobre el desarrollo del juego. Este tipo de juego es el que más ludopatía provoca.
- Juegos de vértigo: en ellos se busca experimentar sensaciones fuertes, como las que se producen en los parques de atracciones: montaña rusa, autos de choque, etc.
- Juegos individuales y grupales. Por ejemplo, a las cartas, pueden jugar varias personas o hacer una un solitario.
- Juegos tradicionales y populares.
- Juegos en Internet, videojuegos.
- Juegos inventados.

EL JUEGO Y LOS TEMAS TRANSVERSALES

El juego se relaciona con muchos de los temas transversales que se abordan en la escuela, y sobre los que se pueden hacer ciertas reflexiones.

Educación para la igualdad entre los sexos: al principio, tanto los niños como las niñas, juegan indistintamente con unos u otros juguetes calificados como "de niños" o "de niñas". Les da igual jugar con una cocinita o un camión, con tal de pasarlo bien. Sin embargo, con el paso del tiempo, la educación que reciben, la socialización con otros niños, la influencia de la publicidad, etc., van cambiando sus hábitos y se decantan por entretenerse con los juguetes "que les corresponden".

Algo parecido ocurre con los juegos: las niñas comienzan a jugar a unos y los niños a otros. Esto no es malo siempre que se desarrolle de forma libre y se diviertan, y no cuando se deba a alguna imposición.

A este respecto, hay que señalar que con el paso del tiempo las niñas prefieren unos juegos diferentes de los de los chicos, no tan agresivos ni competitivos como los que les gustan a ellos.

El espacio ocupado por las niñas para jugar cuando hay chicos suele ser menor que el de ellos, que tienden a ocuparlo de forma poco equitativa, en perjuicio de las niñas.

En no pocas ocasiones, por un igualitarismo mal entendido, las chicas participan en actividades lúdicas "de chicos" para integrarse en un grupo, no quedarse solas, etc., a pesar de no disfrutar en absoluto con dicha diversión. Podemos pensar en la cultura del fútbol, en la que charlas, periódicos, programación televisiva, conversaciones, se ven invadidos por este deporte que a una gran mayoría de las chicas no les interesa apenas, como así revelan diversos estudios y encuestas.

Sería conveniente reivindicar la revalorización de los juegos que les gusten a las chicas, potenciando que los puedan ejercitar con total libertad y sin verse discriminadas por ello.

JUEGO Y EDUCACIÓN PARA EL CONSUMO

Aunque en principio no es necesario gastar para acceder a la actividad lúdica, es cierto que ésta se relaciona claramente con el consumo, y cada vez en mayor medida.

En los países más desarrollados la actividad económica asociada al juego se encuentra cada vez más especializada e implica a un mayor número de profesionales: médicos, periodistas, aseguradoras, monitores de ludotecas, educadores, psicólogos y pedagogos, profesionales de la industria juguetera.....

Desde hace tiempo, el gasto medio en juegos se ha visto incrementado por diversos factores como el descenso de la natalidad, –se invierte más en regalos por parte de los familiares y al ser menos hijos, tocan a más–, el creciente aumento de la publicidad, que lleva a un mayor consumo; las nuevas formas de divertirse, como los parques infantiles de pago, las ludotecas, etc.

En nuestro país han surgido un gran número de parques temáticos, en los que prima más el negocio que la diversión, pues las entradas tienen unos precios bastante elevados. Una vez dentro de ellos, todo incita al consumo: tiendas de recuerdos, bares y restaurantes, fotógrafos, etc., se ofrecen al visitante incitándole a consumir.

No es infrecuente que se lleve a niños pequeños a estos parques temáticos infantiles, como Eurodisney de Francia, desembolsando notables cantidades de dinero en desplazamientos, hoteles, etc. Es muy probable que estos niños no valoren el dinero cuando sean mayores y cada vez gasten más, si a edades tempranas han disfrutado de un juego que conlleva un gasto tan elevado.

También los parques de atracciones colaboran en la extensión de la actividad lúdica unida al consumo.

A veces por falta de espacio, en ocasiones por comodidad de los padres y madres, se ha ido ampliando la costumbre de que los niños inviten a sus amigos a celebrar el cumpleaños en locales especializados, en los que hay diversos juegos, hinchables, incluso pequeñas discotecas, y en los que les preparan también la merienda, lo que conlleva un gasto impensable en otros tiempos y que incita al consumo relacionado con el juego desde edades muy tempranas.

Con lo señalado anteriormente no se quiere demonizar este tipo de espacios para la diversión, pues tienen beneficios, como el dinamizar la economía de una zona o proporcionar empleo a muchas personas. Tan sólo se pretende recordar cómo cada vez más, el juego y la diversión se han inclinado hacia un mayor consumismo.

LA SALUD Y EL JUEGO

Si bien se ha señalado un gran número de beneficios que el juego proporciona a la salud física y mental, hay que destacar que, en ocasiones, ésta puede ser perjudicada por la actividad lúdica.

Uno de los mayores perjuicios para la salud son las ludopatías, es decir, un trastorno producido por el juego cuando se lleva a extremos adictivos. Las ludopatías, más frecuentes en hombres que en mujeres, producen en el individuo una dependencia con respecto a un juego que no pueden abandonar.

Los juegos más adictivos son los de azar, aquellos en los que el jugador no puede hacer nada para controlar los resultados del mismo, aunque siempre espera un beneficio, por lo general, económico. El bingo, las máquinas tragaperras, los distintos juegos de loterías, los juegos de los casinos, y actualmente algunos que se juegan en Internet, son los que más provocan este tipo de adicción, que, con ayuda de profesionales de la Medicina y la Psicología, tienen tratamiento y curación.

Muchos juegos físicos pueden conllevar algún riesgo para la salud (contusiones, heridas, fracturas, etc.) pero si se practican con las debidas precauciones, pueden evitarse.

Lo mismo sucede con respecto a los juguetes, que deben cumplir las normas de seguridad previstas en la legislación. A pesar de que los juguetes sean seguros, los padres, los niños mayores, los maestros o cuidadores, deben procurar que los más pequeños no se lastimen, por su inadecuado uso, con los juguetes. Hay que explicarles que no metan las piezas pequeñas en la boca o en la nariz, que no lancen cosas con las que puedan cortar o cortarse, introducirlas en el ojo a los compañeros de juegos, etc.

También las personas enfermas u hospitalizadas, en la medida de lo posible, deben poder acceder al juego como distracción y alivio para su enfermedad. En los hospitales, los niños ingresados en Pediatría suelen contar con un espacio reservado a los juegos, donde se pueden encontrar con otros niños y niñas y olvidarse de su dolencia.

Los juegos de vértigo son aquellos en los que se busca experimentar sensaciones fuertes, como las ofrecidas en los parques de atracciones; aunque, si se tienen las debidas precauciones no se corre peligro, hay que ser prudentes a la hora de participar en este tipo de juegos.

El juego y los valores. A través de la actividad lúdica se pueden y deben fomentar valores humanos, como la cooperación, la generosidad, la lealtad, la reciedumbre, la alegría, la participación, la cultura de la paz y no violencia...

El juego es un buen medio para interiorizar el "yo gano-tú ganas", la sinergia, la labor en equipo, la colaboración y apartar la competitividad desmedida, las rencillas y rivalidades, lo que conlleva el afán de ganar mal entendido.

PROPUESTAS PEDAGÓGICAS

> El juego es una actividad que realiza el ser humano –de una u otra forma– desde su nacimiento hasta que muere. Es fundamental para su desarrollo y bienestar físico y psíquico, y se puede y se debe llevar a cabo de muy distintas maneras.

A través de las actividades que se te proponen podrás ver diversos aspectos sobre el juego y su relación con el ocio.

1. Busca información sobre los beneficios del juego para el desarrollo de las personas y escríbelos aquí.
El juego es beneficioso porque:
....
....
....
....
....
....
....
....

2. En ocasiones, el juego perjudica a las personas, pues se convierten en ludópatas. ¿Sabrías explicar qué es una ludopatía y qué tipos de juego la provocan?
Si conoces a alguien adicto a un juego, cuenta el caso para toda la clase. Entre todos, proponed soluciones para que lo deje. ¿Qué argumentos le daríais? Elaborad en pequeños grupos un eslogan para informar sobre la adicción al juego que más pueda afectar a gente de vuestra edad. Podéis colocarlos en carteles en el Centro Escolar.

3. El número de juegos y juguetes es muy variado; algunos son muy parecidos a los que conocemos actualmente, otros son diferentes.
Esta actividad consiste en hacer un pequeño trabajo de investigación sobre el tema, dividida la clase en grupos, que pueden estudiar y exponer sus conclusiones para el resto:
- ✓ Comparar juegos tradicionales y actuales (se puede consultar a las personas mayores de la familia, maestras y maestros jubilados, etc.).

- ✓ Juegos típicos de distintos países: comprobar si son parecidos o iguales a los nuestros, en qué consisten, cómo se juegan... Si hay alguno curioso e interesante, explicar las reglas y jugar a él en clase.
- ✓ Hacer una clasificación de los juegos que más se practican según su grado de peligrosidad o seguridad.
- ✓ Proponer juegos cooperativos y no meramente competitivos, en los que se fomente el "yo gano-tú ganas".
- ✓ Escribir los juegos preferidos de los chicos y de las chicas y ver qué tienen en común.
- ✓ Estudiar cuál es el gasto medio por familia en juguetes en época de Navidades, cumpleaños, onomásticas, final de curso, etc.
- ✓ Analizar qué juegos son los preferidos de las personas ancianas y por qué es bueno para su bienestar que se entretengan. Proponed otras alternativas a estos juegos, que también sean adecuadas a su edad.
- ✓ Elaborad unas reglas básicas sobre juegos y juguetes seguros (podéis incluir la seguridad en los parques infantiles, patios de recreo de los centros escolares, etc.).

Presentad al resto de la clase los trabajos realizados y, si os parece oportuno, dadlos a conocer a las familias, a la comunidad escolar, a los lectores de un periódico escribiendo en él un artículo, participando en una entrevista en la radio, etc. Es bueno compartir con los demás lo que creemos que les puede ayudar.

4. Aunque en edades tempranas los niños y las niñas juegan con cualquier juguete que les guste, con el paso del tiempo, por educación recibida, por imitar lo que hacen otros, etc., cambian sus preferencias: las niñas se deciden por muñecas, casitas, peluquerías, tiendas, y los niños, por

camiones, coches, soldados, pistolas, etc. Además, en el patio de recreo, por lo general, los chicos ocupan más espacio que las chicas. Comprobad si esto es así en los niños y niñas que os rodean e intentad dar una explicación de este hecho, debatiéndolo entre toda la clase.
- ✓ ¿Qué os parecen estas situaciones?
- ✓ ¿Qué hay detrás de ellas?
- ✓ ¿Deben niños y niñas jugar juntos o es preferible que cada uno haga lo que le agrade, si no participan de las mismas aficiones?
- ✓ ¿Hay juegos de niños y juegos de niñas? En caso afirmativo, ¿cuáles son las características de cada uno de ellos?
- ✓ ¿Hay juegos que gustan tanto a niños como a niñas? ¿Cuáles? ¿Por qué creéis que sucede así?

5. Lee el siguiente texto del libro *Edad prohibida,* de Torcuato Luca de Tena, en el que se relata un juego de unos jóvenes. ¿Te parece seguro? ¿Divertido? ¿Ingenioso? ¿Excitante? ¿Imaginativo? ¿Cooperativo? Coméntalo con otros dos compañeros de clase y explicad vuestras afirmaciones poniéndolas en común con otro grupo.

Resumid las de toda la clase en voz alta y abrid un diálogo sobre el juego entre adolescentes y jóvenes (¿Se juega en estas edades, a qué, para qué,.....?).
- ¿Hay juegos peligrosos entre los adolescentes? ¿Cuáles?
- ¿Se ejercitan mucho los llamados "juegos de vértigo" –los que producen emociones fuertes– ¿Por qué sí o no? ¿Tanto chicos como chicas o más alguno de estos grupos? Aventura alguna explicación[1].

---

[1] También os puede ayudar a debatir estos temas si veis la película *El Bola*, de Achero Mañas, (España, 2000). Ver Guía cinematográfica en: webs.uvigo.es/consumoetico: ALONSO, Mª L.; PEREIRA, Mª C. y SOTO, J. Convivencia versus violencia. Una propuesta de intervención educativa. En *Revista de Investigación en Educación*, (1), 2004, pp.15-48. (Página consultada, 13 de junio de 2006)

– ¿A qué jugamos ahora?
–A las Ánimas del Purgatorio. Te ha tocado a ti salir fuera...

Las «Ánimas del Purgatorio», o el Escondite a Oscuras, era una de las diversiones preferidas de Leopoldo. Cuando sus padres le enseñaron este juego, el niño tenía cinco años, y aquellos buenos señores no podían sospechar que la afición entonces nacida le durara –muy acrecentada, por cierto– hasta después de los quince. Él fue quien puso de moda el juego entre sus amigos.

Echaron suertes a ver a quién tocaba salir, y Anastasio fue la «víctima».

Él ya había jugado alguna vez. Mientras la «víctima» esperaba fuera de la habitación a que le llamasen, el resto de los jugadores preparaban, con la luz encendida, las trampas en que le harían caer con la luz apagada. Si había entre ellos uno con más sentido común que el normal de la concurrencia –y este personaje solía representarlo Celia–, apartaba antes que nada las porcelanas, las lámparas de mesa, los jarrones. Acto seguido, Javier dirigía la construcción de unos bunkers y barricadas, amontonando sillas, mesa, vitrinas y muebles-bibliotecas. La habilidad no consistía en la solidez de la construcción, sino, muy por el contrario, en su inestabilidad. Se trataba de que, a la menor presión, los muebles se derrumbaran estrepitosamente sobre la cabeza del pobre enemigo ciego. Y por si acaso el sistema era insuficiente, cada defensor reunía junto a sí un buen acopio de proyectiles: almohadas, cojines, servilletas anudadas. La «víctima», atravesando a oscuras tales y tantos peligros, debía coger un prisionero, reconocerle al tacto. Si acertaba, el prisionero pasaría a ocupar el papel de víctima, y el juego volvería a comenzar...

Las chicas, por lo general, se negaban a que Leopoldo representara este papel, pues más de una vez se había excedido en el reconocimiento táctil de sus prisioneras. Anastasio era más rápido y más formal.

—¡A las Ánimas del Purgatorioooo! —gritaron los de dentro.

Anastasio penetró en la habitación. Lo hizo de espaldas, como mandan los cánones, para que la luz del pasillo no le ayudara a orientarse.

Cerró la puerta. Notó el olor a chimenea apagada con cubos de agua y percibió la alfombra del cuarto bajo sus pies. Tardó unos segundos en comprender que la alfombra había sido cambiada de sitio; pero antes de que imaginara en qué consistiría esta estratagema, Enrique y Javier tiraron fuertemente de las puntas, el suelo corrió bajo sus plantas y Anastasio se dio el gran costalazo contra el parquet. Las risas y los proyectiles iniciaron juntos el bombardeo. Anastasio aguantó la lluvia de cojines, amontonó junto a sí cuantos pudo, y los disparó ciego, contra sus invisibles enemigos.

Un crujido, un roce y un estruendo formidable se dejaron oír. El castillo de muebles se había derrumbado sobre los propios que lo construyeron. Se oyó un lamento, al que siguieron varios ayes y la risa nerviosa de Javier. Después, atildada y campanuda, la voz de Adolfo:

Estos, Fabio, ¡ay dolor!, que ves ahora
campos de soledad, mustio collado,
fueron un tiempo Itálica famosa.

Anastasio, a gatas, sin hacer ruido, marchó hacia la voz. Pero las patas de una silla volcada le dieron en el rostro, y prefirió localizar a un defensor menos atrincherado.

La oscuridad era total. Había perdido el sentido de la ubicación...

¡Qué fastidio que le hubiera tocado a él la parte menos sabrosa del juego! De no ser por esto, se hubiera atrincherado junto a Maribel, en la zona de menos riesgo, como el último día, las manos enlazadas... (2005: 93-94)

6.Haced una campaña de recogida de juguetes, preparadlos bien, limpiando, clasificando, reparando, si es necesario, y donadlos para niños que no los tienen. Hay asociaciones como Cáritas, ONGs, etc. que se pueden encargar de repartirlos.

También podéis recoger juegos para personas mayores y llevarlos a una residencia. Muchos juegos como los de cartas, tableros, matemáticos, petanca, bolos, etc., les pueden ser útiles para entretenerse en sus largos ratos de ocio y los agradecerán de verdad.

7. ¿Cómo son las muñecas preferidas de las niñas? Podéis llevarlas a clase para analizar sus vestidos, su anatomía, los complementos que usan, etc.

¿A qué conclusiones llegáis? ¿Puede existir alguna relación entre estas muñecas y la anorexia u otros problemas de muchas chicas?

¿Y en la visión que las niñas tienen de su propia imagen corporal?[2]

8. Organizad una exposición sobre juguetes para que la vea todo el centro donde estudiáis. Puede ser interesante mostrar juegos y juguetes antiguos, exóticos, de otras culturas, hechos con material reciclado...[3]

---

[2] Consultar webs.uvigo.es/consumoetico:
PEREIRA, Mª.C. y SUEIRO, E. (1999 y 2000). "¡Y Barbie cumplió 40 años!" (I y II). En *Revista Padres y Maestros* (248 y 250), pp. 28-32 y 14-18.
PEREIRA, C. y PINO, M. (2005). "Globalización y educación en valores. Contribuciones educativas desde el fenómeno de la muñeca Barbie". En *Revista Galega Do Ensino,* (47), pp. 1103-1126. (Página consultada, 13 de junio de 2006).
[3] Para más información ver: www.unicef_icdc.org y www.intermonoxfam.org. (Páginas consultadas, 16 de agosto de 2006).

6. Las fiestas

INTRODUCCIÓN

De entre todas las actividades relacionadas con el tiempo libre, la fiesta es la manifestación más clara de lo que es el ocio, porque en ella se dan en el grado máximo el placer, la libertad para participar en ella, y el disfrute como valor en sí mismo.

Todas las personas han participado más o menos activamente en alguna fiesta, bien familiar, patronal, escolar, religiosa, etc. y conocen los componentes de las mismas. Sin embargo, es bueno reflexionar sobre sus características, su significado, función y los valores o contravalores que ofrece.

Para hacerlo, se seguirán los estudios de Manuel Cuenca Cabeza (2000a), en los que se analiza el tema de la fiesta desde distintos puntos de vista: sociológico, filosófico, antropológico, cultural...

CARACTERÍSTICAS DE LAS FIESTAS

Todas las fiestas constan de tres partes bien diferenciadas:

Preparación, celebración y recuerdo.

La primera engloba todos los preparativos necesarios para que el acto festivo pueda realizarse. Es un momento lleno, por lo general, de ilusión de que todo salga bien y que los asistentes se encuentren a gusto y puedan disfrutar.

La preparación se refiere tanto a los lugares como a los tiempos, las cosas materiales, trajes, decorados, escenarios, etc.

Cada tipo de fiesta conlleva una preparación diferente: no es lo mismo celebrar un cumpleaños que organizar unos Juegos Olímpicos. En cualquier caso, la preparación es un acto de generosidad, pues se busca agradar a los demás, muchas veces sin esperar ningún tipo de reconocimiento.

La fase de la celebración es aquella en la que los asistentes se reúnen para disfrutar todos juntos y participar de una experiencia gozosa aunque efímera: por larga que sea la fiesta, tendrá un fin.

La fiesta permanece viva en el recuerdo de los asistentes o de las personas a las que se les habla de ella, por ejemplo, un familiar o amigo que no ha podido asistir.

Según Laín Entralgo (1960: 38), para que exista la fiesta debe darse un adecuado estado de ánimo, el libre consentimiento y un espacio de libertad, que, de alguna manera, expresan nuestro sí a la vida,

El filósofo Pieper (1984: 36), considera que la fiesta sólo tiene sentido cuando se vive con otras personas y se experimenta la alegría en unión con los demás, compartiendo una manifestación de riqueza existencial.

Todas las fiestas, en su fase de celebración, constan de tres partes bien diferenciadas *la inauguración*, con el encendido de las luces, el pregón, el chupinazo, etc.; *el proceso festivo* en sí mismo, con sus danzas, comidas, procesiones y *el fin de fiesta*, que anuncia la vuelta a la normalidad.

¿Para qué sirven este tipo de celebraciones?

Básicamente, para proporcionar descanso psicológico.

Las personas que participan de ellas libremente se sienten más alegres después de haber asistido, comprueban que han repuesto sus energías para afrontar de nuevo la rutina de la vida cotidiana. De ahí el gusto y la necesidad que todas las personas tienen por las fiestas, sean de uno u otro tipo.

La fiesta es un fenómeno social que contribuye a que los miembros de la comunidad puedan reencontrarse: es el momento en que los amigos, los familiares, los emigrantes se unen y las personas se identifican con su lugar de origen. Con ella se promueve la vida comunitaria y grupal.

Además, se atrae a grupos externos, que no pertenecen a la comunidad, y se les muestran costumbres, creencias o valores propios e incluso se busca de ellos un fin mercantil. Por lo general, cuando se va a una fiesta se gasta más dinero del habitual, se hacen regalos o se llevan a casa recuerdos, etc.

Con la participación en la fiesta se produce una ruptura respecto a la vida ordinaria, se rompen normas sociales, –pensemos en el derroche, el desenfreno y la transgresión de los carnavales–.

Cuando se vive una fiesta, se participa en un acto comunicativo porque: para comprenderla es necesario vivirla; en ella se interrelacionan un gran número de mensajes –lúdicos, culturales, religiosos, estéticos, expresivos...–. En la fiesta la función fática o de contacto tiene una especial importancia, pero también destaca la emotiva.

ELEMENTOS DE LAS FIESTAS

Podemos dividirlos en:
- Esenciales.
- Habituales.
- Complementarios.

Elementos esenciales

Son aquellos básicos para que exista la fiesta: comunidad, espacio y tiempo.

❖ Comunidad: la fiesta se hace con y para los demás. El número de participantes puede variar, pero siempre se efectúa en función de los demás: no tendría sentido realizar una fiesta unipersonal.

Para que la fiesta salga bien se requiere el número correcto de participantes y teniendo en cuenta el grupo de personas que festeja, podemos hablar de fiestas:

- Institucionales: las que pertenecen a grupos humanos muy delimitados como un colegio, una familia, un grupo de trabajo, etc.
- Tradicionales: las de comunidades más o menos grandes pero con personalidad específica, como un pueblo o un barrio. Estas, a su vez pueden ser religiosas o laicas.
- Internacionales: las que tienen repercusión internacional o mundial, como los Juegos Olímpicos o las Exposiciones Universales.

Para que exista de verdad una fiesta, tiene que haber una participación de la comunidad, aunque sólo se limite a mirar, pasear, tomar algo o hablar. Por otra parte, hay que señalar que la comunidad que organiza la fiesta la vive de diferente manera que la que va de fuera; cuando ambas se compenetran, la vivencia festiva es mayor.

❖ Espacio: las personas que asisten a una fiesta se congregan en un espacio determinado, un barrio de la ciudad, una plaza, el campo de la feria, que se transforma en el lugar de acogida de todas ellas. Lo normal es que los organizadores hayan tenido que acondicionar el lugar y hayan preparado algo así como un "escenario" donde se desarrollará la fiesta en un marco adecuado.

El espacio festivo tiene su propia estética: se decora con luces, flores, farolillos, o se escoge una zona adecuada por la belleza de su entorno.

Todas las fiestas, tanto las tradicionales como las institucionales, transforman, al menos temporalmente, sus espacios habituales y los convierten en extraordinarios: una familia pone una mesa más grande para acoger a los invitados el día de fiesta, enciende más luces o coloca unas flores, cuelga unas guirnaldas o saca la mejor vajilla que tiene.

Una vez vuelta la normalidad, el espacio festivo desaparece y se vuelve a recuperar su función habitual.

En las fiestas internacionales se crean espacios propios más artificiales, en los que destaca la búsqueda de la estética, la fantasía e impresionar a los que participan de la fiesta. Por ejemplo, las aperturas o clausuras de los Juegos Olímpicos presentan una gran espectacularidad, se crea para ellas un marco idóneo en el que prevalece la estética por encima de cualquier otro valor.

❖ Tiempo: es efímero, es decir, pasa hasta la próxima ocasión en la que la fiesta se vuelva a celebrar, lo que refuerza su carácter cíclico. Los participantes saben que el año próximo podrán volver a reunirse.

Según Caro Baroja, el tiempo de las fiestas tiene un carácter pasional, porque con ellas, sobre todo si siguen las celebraciones cristianas, se desarrollan las principales pasiones que experimentan las personas: "A la alegría familiar de la Navidad le sucede el desenfreno del Carnaval, y a este, la tristeza de la Semana Santa. La otoñal fiesta de difuntos está precedida por las alegres fiestas de primavera y verano (...) Muerte y vida, alegría y tristeza, desolación y esplendor, frío y calor, todo queda dentro de ese tiempo cargado de cualidades y de hechos concretos que también se mide por medio de vivencias". (Caro Baroja, 1979: 16).

La mayoría de las localidades cercanas procura que la celebración de las fiestas no coincida en las mismas fechas, porque así se facilita que los habitantes de unas puedan participar de las otras, así como atraer personas que vienen de fuera de la comunidad, que de esta forma no se verán en la obligación de elegir entre asistir a una u otra.

Las fiestas patronales españolas se celebran mayoritariamente entre el 24 de Junio –San Juan– y el 7 de Octubre, la Virgen del Rosario. El buen tiempo y el que se desarrollen en el período vacacional contribuyen a que acuda mayor número de participantes y a que se celebren en mejores condiciones que si se hicieran en época de frío.

Elementos habituales

Son aquellos que generalmente se presentan en la mayoría de las fiestas, y que pasamos a ver.

En ellas hay comida y bebida en abundancia, diferentes de las habituales y que se ingieren sin demasiado control. Las fiestas tradicionales suelen tener unos platos típicos fuera de los cotidianos que generalmente preparan las mujeres de las casas. No tanto los hombres, aunque cada vez más van colaborando también.

Los elementos lúdicos son los que contribuyen a que la gente se divierta:
- Entretenimientos de todo tipo, como competiciones, carreras, juegos culturales, juegos con animales...
- Danza, que sirve para gozar y salir del aburrimiento y la rutina habitual.
- Coloquio no utilitario, es decir, hablar por puro gusto de comunicarse, de hablar dentro de un ambiente festivo y lúdico, muchas veces inconexo e incomprensible fuera del contexto de la fiesta.

En las fiestas hay también un componente económico: hace falta dinero para poder organizarla, los asistentes gastan en ir hasta el lugar donde se celebra, dejan allí cierta cantidad en lo que consumen, pero esto no es lo más significativo en cuanto al tema económico, sino el derroche, y cómo viven el gasto los participantes. Si en la vida habitual las personas tienden a no gastar más de lo necesario, en las fiestas, esto no se tiene en cuenta y se derrocha: podemos pensar en los gastos navideños, en los regalos o recuerdos que se llevan de o para una fiesta patronal, el gasto en desplazamientos, ropa especial, peluquería, fotos, que supone una boda, un bautizo, aniversarios, etc. En algunas fiestas se produce también la compra-venta de animales, se realizan transacciones mercantiles, se pagan las entradas a determinados espectáculos, se dan limosnas o aportaciones, se gasta en máquinas recreativas... En definitiva, se mueve más dinero del habitual.

Las fiestas de mayor importancia a menudo cuentan con la subvención de algún patrocinador que las hace posibles gracias a su impulso económico.

Dentro de los *elementos habituales* se encuentran los estéticos, entre los que están las poesías, la música y la danza, los elementos ornamentales como las máscaras, los arreglos florales, las luces, velas, los adornos en general de la fiesta, que contribuyen a crear ese carácter festivo.

Los *elementos rituales*, desde un punto de vista sagrado son los besamanos, novenas, procesiones, ofrendas, etc.

Por último, los *elementos dramáticos* son las representaciones, pantomimas, y, en general, todo lo que se puede calificar como espectáculo, como los desfiles, procesiones, comparsas, carrozas...

Elementos complementarios

No pertenecen a la esencia de la fiesta, pero contribuyen a enriquecerla.

El primero, son los textos que se generan alrededor de la fiesta: reglamentos, actas de las reuniones de la comisión de fiestas, pregón de inicio de las mismas, discursos, carteles que anuncian las fiestas, etc. Al remate del festejo aún se pueden generar esos textos a través de las noticias de la prensa en las que se recogen los actos festivos, evocación de vivencias de los participantes que escribe a otras personas para contarles sus experiencias festivas...

El segundo es la pirotecnia y el ruido. Especialmente en las fiestas tradicionales, son elementos que contribuyen a dar más colorido y esplendor a las mismas, haciendo que aumente la sensación subjetiva de fiesta y diversión.

El ruido se puede producir por medios muy diversos como pueden ser las campanas, los petardos, las tracas, los cencerros, los tambores, etc. En general, los ruidos se asocian más al comienzo de la fiesta y la pirotecnia al final de la misma. Hoy en día, se puede conseguir de una mayor espectacularidad en el ruido y el color de las luces con el empleo de las nuevas tecnologías, como puede ser la combinación de luz de rayos láser con música seleccionada para la ocasión.

La libertad, el exceso y el jolgorio son elementos que deben estar presentes en las fiestas. Nadie puede divertirse si no quiere hacerlo y el exceso, la falta de normas que hay en el ámbito festivo, el "un día es un día", constituyen la ley de la fiesta. En la fiesta, que es un momento de ruptura de la vida cotidiana, todo está permitido hasta que ésta finaliza y se reestablece el orden y el equilibrio.

LA FIESTA MODERNA

Si bien continúa existiendo un gran número de fiestas tradicionales, éstas han ido experimentando un cierto declive, por distintos motivos como pueden ser que las personas vayan de vacaciones aprovechando las fiestas de su localidad, que la mayoría de la gente tiende a huir de las aglomeraciones, que desciende el culto al patrón o patrona del pueblo al disminuir la práctica religiosa, que los pueblos se van quedando vacíos y los antiguos habitantes no vuelven a celebrar las fiestas porque se han desarraigado de allí, etc.

Al mismo tiempo que decrece el número de fiestas tradicionales, está aumentando el de las internacionales. Surgen nuevos ritos festivos como pueden ser los festivales musicales para jóvenes, los Juegos Olímpicos, Exposiciones Universales, parques temáticos, el turismo, las grandes fiestas europeas.

Estas fiestas internacionales incorporan las nuevas tecnologías, buscan la participación del mayor número de personas y el máximo rendimiento económico posible.

Algunos de los factores que han favorecido la expansión de este tipo de celebraciones han sido el turismo, los medios de comunicación que las divulgan, la incorporación de nuevos modos de fiesta, como los acontecimientos artísticos, etc.

TIPOS DE FIESTAS

Además de las ya señaladas anteriormente –tradicionales, institucionales e internacionales–, las fiestas admiten más clasificaciones como pueden ser las fiestas agrarias, las religiosas y las profanas, las familiares, las de colectivos relacionados con el trabajo, las escolares, las que celebran la exaltación de un producto gastronómico, las que conmemoran hechos históricos, las declaradas de interés turístico nacional...

LAS FIESTAS POPULARES

A lo largo y ancho de la geografía española y durante todo el año, las personas que lo desean, pueden disfrutar de un sinfín de fiestas de todo tipo.

Unas tienen un origen religioso, como puede ser la visita a un lugar donde se venera la imagen de un santo. Otras, son de carácter histórico, y en ellas se rememora alguna hazaña como la recuperación de una ciudad capturada por las tropas enemigas. En ocasiones, la gastronomía hace que se reúna un buen número de personas para degustar determinado manjar.

Las fiestas relacionadas con los ciclos del año generan en todos los lugares de España innumerables manifestaciones lúdicas: las de Carnaval, las de la recogida de la uva, el trigo, la aceituna, etc.

Todas ellas son manifestación de la personalidad de los pueblos y gentes que las vieron nacer y a las cuales se unen un buen número de personas que acuden de fuera, con el fin de unirse a la alegría y a la cultura, muchas veces centenaria, de quienes las promueven.

A continuación, ofrecemos un listado con algunas de las fiestas declaradas de Interés Turístico Nacional:

ENERO
5. Cabalgata de Reyes de Santillana del Mar (Cantabria).

15-17. Fiestas de San Antonio Abad. Els Traginers. Igualada (Barcelona).
17. Fiestas de San Antonio Abad. Sa Pobla (Mallorca).
19-20. Tamborrada de San Sebastián. Donostia-San Sebastián (Guipúzcoa).

FEBRERO
Carnaval (Cádiz).
Carnaval del Toro. Ciudad Rodrigo (Salamanca).
Carnaval (Santa Cruz de Tenerife).
Carnaval. Santoña (Cantabria).
Carnaval. Solsona (Lleida).
Carnaval. Xinzo de Limia (Orense).
Jornadas de la Matanza. El Burgo de Osma (Soria).
La Vaquilla. Colmenar Viejo (Madrid).
La Endiablada. Almonacid del Marquesado (Cuenca).
Fiestas de Moros y Cristianos. Bocairent (Valencia).
8. Fiestas de Santa Agueda. Zamarramala (Segovia).
14-15. Fiestas de los arrieros. Balsareny (Barcelona).
Fiestas del Pero Palo. Villanueva de la Vera (Cáceres).

MARZO
1. Rallye Internacional de Coches de Época. Sitges (Barcelona).
Misterio de la Passiò. Cervera (Lleida).
Drama Sacro de la Passiò (Tarragona).
La Passiò. Esparreguera (Barcelona).
12-19. Fallas de San José (Valencia).
14-22. Fiestas de la Magdalena (Castellón).
La Pasión. Callosa de Segura (Alicante).
16-19. Fallas. Gandía (Valencia).

ABRIL
Ferial de Abril (Sevilla).
Semana Santa (Murcia).
4. Mercat del Ram. Vic (Barcelona).

Procesión del Domingo de Ramos. Elx-Elche. (Alicante)
La Semana Santa es una de las épocas de más tradición de España, y en ella cabe destacar la de: Ferrol, Sevilla, Zamora, Valladolid y Cartagena (Murcia).
Semana de la Música Religiosa (Cuenca).
Jueves Santo. Los Empalaos. Valverde de la Vera (Cáceres).
Procesión del Jueves Santo. Verges (Girona).
La Ronda y la Procesión de los Pasos (León).
Misterio de la Pasión. Moncada (Valencia).
Devallament. Pollença (Mallorca).
Pasión de Chinchón. Chinchón (Madrid).
12-13. Fiesta del Bollu. Avilés (Asturias).
14. Bando de la Huerta y Entierro de la Sardina (Murcia).
14. Fiesta de los Huevos Pintos. Pola de Siero (Asturias).
22-24. Fiesta de Moros y Cristianos. Alcoy-Alcoy (Alicante).
22-25. Fiesta de Moros y Cristianos en honor a San Jorge Mártir. Bañeres (Alicante).
23. Día de San Jorge y Día de Cervantes (Barcelona).
23-26. Romería de Nuestra Señora de la Cabeza. Andújar (Jaén).
28 abril-3 mayo. Feria de Abril (Sevilla).
Exaltación del vino de la zona del Ribeiro. Ribadavia (Orense).

MAYO
Fiesta del primer viernes de mayo. Jaca (Huesca).
1-2. Romería de Nuestra Señora de la Estrella. Navas de San Juan (Jaén).
Fiestas de la Santa Cruz (Santa Cruz de Tenerife).
Fiesta de la Santa Cruz. Feria (Badajoz).
4-17. Festival de los patios cordobeses (Córdoba).
10-15. Fiestas Patronales de Santo Domingo. Santo Domingo de La Calzada (La Rioja).
10-17. Feria del Caballo. Jerez de la Frontera (Cádiz).

17. Fiesta de la Lana. Ripio (Girona).
30-1 de junio. Romería del Rocío. Almonte (Huelva).
31. Romería de San Isidro Labrador. Realejo Alto (Tenerife).

JUNIO
Fiestas de San Juan del Monte. Miranda de Ebro (Burgos).
4-8. Moros y Cristianos. Elda (Alicante).
7. La Caballada. Atienza (Guadalajara).
7. Aplec de la Sardana. Calella (Barcelona).
Corpus Christi. Ponteareas (Pontevedra).
Corpus Christi. Castrillo de Murcia (Burgos).
Corpus Christi. Sitges (Barcelona).
Corpus Christi (Toledo).
Octava del Corpus y Romería de San Isidro. La Orotava (Tenerife).
Octava del Corpus. Peñalsordo (Badajoz).
24. Hogueras de San Juan (Alicante).
21. Danzas de la Octava del Corpus. Valverde de los Arroyos (Guadalajara).
23-24. Las Mondidas. Paso del Fuego. San Pedro Manrique (Soria).
23-29. Fiestas de San Juan. Coria (Cáceres).
24-29. Fiestas de San Juan o de la Madre de Dios (Soria).
28. Fiestas de San Juan Bautista. Baños de Cerrato (Palencia).
29. Fiestas de San Pedro. La Amuravela. Cudillero (Asturias).
29-6 de julio. Fiestas de San Pedro y San Pablo. Día de las Peñas (Burgos).
30. Alarde de San Marcial. Irún (Guipúzcoa).

JULIO
3. Fiestas del Coso Blanco. Castro Urdiales (Cantabria).
Fiestas del Cordero. Lena (Asturias).

A rapa das Bestas. Viveiro (Lugo).
5-11. Rallye Turístico Deportivo Internacional del Río Noguera-Pallaresa. Sort (Lleida).
6-14. Fiestas de San Fermín (Pamplona).
10-12. Festival de la Sidra Natural. Nava (Asturias).
12. Romería de San Benito Abad. San Cristóbal de la Laguna (Tenerife).
16. Fiestas de la Virgen del Carmen. San Pedro del Pinatar (Murcia).
22-23. Danza de los Zancos. Anguiano (La Rioja).
24. Fiestas Tradicionales de Santa Cristina. Lloret de Mar (Girona).
24-31. Moros y Cristianos. Villajoyosa (Alicante).
25. Fiestas del Pastor. Cangas de Onís (Asturias).
26. Fiesta de Los Vaqueiros de Alzada. Luarca (Asturias).
31-6 de agosto. Fiestas Patronales. Estella (Navarra).

AGOSTO
Romería Vikinga. Catoira (Pontevedra).
Día de Asturias. Gijón (Asturias).
4-9. Fiestas Patronales de la Virgen Blanca. Vitoria-Gasteiz (Álava).
7-16. Fiesta de la Tradición y Romería de San Roque. Garachico (Tenerife).
Descenso Internacional del Río Sella. Arriondas (Asturias).
Día de Cantabria. Cabezón de la Sal (Cantabria).
Fiesta de Nuestra Señora de la Antigua de Manjavacas. Mota del Cuervo (Cuenca).
11-15. Misterio de Elche (Alicante).
14-17. Fiestas de Nuestra Señora de la Asunción. La Alberca (Salamanca).
14-22. Semana de la Huerta (Murcia).
14-24. Fiestas de la Vendimia. Jumilla (Murcia).

15. Descenso Internacional del Pisuerga. Alar del Rey (Palencia).
16. Fiestas de San Roque. Llanes (Asturias).
20-22. Exaltación del Río Guadalquivir. Sanlúcar de Barrameda (Cádiz).
20-23. Fiestas de Moros y Cristianos. Ontinyent (Valencia).
23. Gala Floral. Torrelavega (Cantabria).
23. El Naseiro. Viveiro (Lugo).
25. Fiestas de San Ginés. Arrecife de Lanzarote (Las Palmas).
28. Fiestas en Honor al Cristo de los Remedios. San Sebastián de los Reyes (Madrid).
29. Romería de San Agustín. Arafo (Tenerife).
30. Fiestas de Nuestra Señora del Rosario. Cuéllar (Segovia).
Vendimia Montilla-Moriles. Montilla (Córdoba).
Carreras de caballos en la playa. Sanlúcar de Barrameda (Cádiz).

SEPTIEMBRE
1-8. Fiestas de la Vendimia. Valdepeñas (Ciudad Real).
3-6. Fiestas del Motín. Aranjuez (Madrid).
5-6. Fiestas del Santo Niño. Majaelrayo (Guadalajara).
6. Fiesta de la Beata. Santa Margarita (Mallorca).
6-10. Fiestas de Moros y Cristianos. Caudete (Albacete).
7-17. Ferias y Fiestas (Albacete).
8. Romería de Nuestra Señora de Los Angeles. Alájar (Huelva).
8. Ferias y Fiestas de La Consolación. Utrera (Sevilla).
8. Fiestas de Nuestra Señora del Pino. Villa de Teror (Las Palmas).
8-9. Fiestas Patronales en Honor de la Virgen de Ermitana. Peñíscola (Castellón).
8-13. Entrada de Toros y Caballos. Segorbe (Castellón).

12-15. Fiesta Mayor y Corre del Bou. Cardona (Barcelona).
12-15. Fiestas Patronales del Santísimo Cristo y San Vicente Ferrer. Graus (Huesca).
13. Romería de Nuestra Señora de Chilla. Candeleda (Ávila).
13. Romería de Hontanares. Riaza (Segovia).
13. Romería de la Virgen de Gracia. San Lorenzo de El Escorial (Madrid).
15. Toro de la Vega. Tordesillas (Valladolid).
17-23. Cartagineses y Romanos. Cartagena (Murcia).
17-21. Real Feria y Fiesta de la Vendimia. La Palma del Condado (Huelva).
20-26. Fiestas de la Vendimia Riojana. Logroño (La Rioja).
24. Fiestas de Nuestra Señora de La Merced (Barcelona).
27. Día de Campóo. Reinosa (Cantabria).

OCTUBRE
3-12. Fiesta de la Exaltación del Marisco. O Grove (Pontevedra).
6-13. Fiestas del Pilar (Zaragoza).
10-13. Moros y Cristianos en Honor de la Virgen de las Injurias. Callosa D'En Sarriá (Alicante).
17-19. As San Lucas. Mondoñedo (Lugo).
18. Romería de Nuestra Señora de Valme. Dos Hermanas (Sevilla).
23-25. Fiesta de la Rosa del Azafrán. Consuegra (Toledo).

NOVIEMBRE
Fiesta de los Humanitarios de San Martín. Moreda (Asturias).

DICIEMBRE
Zambombas de Jerez de la Frontera (Andalucía).
5-8. Fiestas Patronales de la Virgen del Castillo. Yecla. (Murcia).

7-8. La Encamisá. Torrejoncillo (Cáceres).
13. Fiesta de Santa Lucía. Santa Lucía (Las Palmas).
24. Misa del Gallo. Labastida (Álava).

PROPUESTAS PEDAGÓGICAS

1. Una parte importante del ocio es la participación en fiestas de todo tipo: familiares, escolares, religiosas, gastronómicas, etc. Seguro que has participado en algunas de ellas. Rellena este cuadro, señalando a cuáles has asistido.

Familiares	Escolares	Religiosas	Locales	Otras

2. Siguiendo las indicaciones del profesor o profesora elaborad alguno de estos trabajos por equipos. Al acabarlos se comentarán entre toda la clase y se pueden mostrar a todo el centro escolar en una exposición.

Trabajos sugeridos:
- ❖ Comprobar si en la fiesta local donde está el centro escolar se dan los elementos estudiados: habituales, esenciales y complementarios.

- ❖ Realizar un estudio comparativo entre las fiestas locales en la actualidad y anteriormente. Para ello habrá que consultar fuentes como la prensa, los testimonios de personas mayores, actas de las reuniones de la comisión de fiestas, carteles, bandos o pregones de las fiestas, álbumes de fotos familiares y otros que puedan facilitar la investigación. ¿A qué conclusiones llegáis?
- ❖ Estudiar la fiesta desde un punto de vista musical y de la danza.
  ¿Qué tipo de música hay en la fiesta: folclórica, de bandas, de orquestas, de grupos juveniles...? ¿En qué momentos se escucha esa música? ¿Hay algún modo de participación por parte de los asistentes? Lo mismo se puede hacer sobre la danza y el baile.
- ❖ ¿Cómo se preparan los lugares donde se desarrolla la fiesta? Observar la decoración, el espacio utilizado, la iluminación, los fuegos artificiales, las velas, las flores o ramos... Igual con respecto al ruido: cohetes, campanas, bombas, petardos, tracas, etc., que contribuyen a aumentar la sensación de fiesta entre los participantes.
- ❖ ¿Cómo se preparan las personas: peinados, vestidos, complementos, regalos que se hacen entre ellas, etc.?
- ❖ Estudio sobre las comidas típicas de distintas fiestas: por ejemplo, gastronomía navideña, la comida de las romerías populares, las fiestas gastronómicas de las distintas regiones o comunidades.
- ❖ Describir una fiesta tradicional de tu zona con sus elementos principales. Completar el trabajo con imágenes de las mismas reflejadas en fotografías o cuadros de pintores de la comunidad correspondiente.

- Preparar el bando de inicio de unas fiestas y compararlo con los que han escrito otros compañeros.
- Diseñar el cartel anunciando las fiestas de la localidad en la que vives.
- Comparar unas fiestas locales con otras que sean conocidas en todo el país y otras que lo sean a escala internacional.

3. A través de las fiestas se desarrolla una serie de valores como la tolerancia, la generosidad, la responsabilidad, la alegría, el compañerismo, la hospitalidad, la creatividad, el trabajo cooperativo... Piensa cómo se fomentan estos valores y añade otros que creas que se fomentan con las fiestas.

4. ¿Qué medidas de seguridad de todo tipo se te ocurren para disfrutar tranquilamente de una fiesta? (seguridad vial, ciudadana, sanitaria, alimentaria, de la higiene...).

5. Haz un pequeño estudio de cuánto se puede gastar en una fiesta que tú elijas: cumpleaños, bodas, fiestas escolares, carnavales, matanza, hogueras de San Juan, fiesta del pueblo o del barrio, fiesta gastronómica, etc. ¿Qué piensas respecto a ese gasto? ¿Te parece pequeño, excesivo, normal? Justifica tu contestación.

6. Piensa en alguna fiesta familiar o local y descubre las diferencias –si las hay– en cómo participan en la misma las mujeres y los hombres e intenta explicar el motivo de sus comportamientos, si no son iguales.

7. Elabora con tu compañero o compañera un calendario con las principales fiestas locales de la comarca en la que vives destacando alguna de las características más interesantes de alguna de ellas.

7. Las aficiones

INTRODUCCIÓN

Un buen número de personas dedica su tiempo libre a cultivar alguna afición con la cual se distrae, aprende a desarrollar sus capacidades manuales o mentales, se relaja, desconecta del trabajo...

A menudo, las aficiones son una ocasión para relacionarse con otras personas que las comparten; por ejemplo, los coleccionistas visitan exposiciones sobre el tema de su colección, intercambian piezas, realizan encuentros, foros, congresos, etc., en los que disfrutan de su hobbie con los demás.

El tener una afición mantiene el interés por lo que nos rodea, estimula la creatividad y la iniciativa, es fuente de distracción, mejora el equilibrio emocional, libera de las tensiones y ayuda al individuo a reponerse en su tiempo de descanso.

Sin embargo, hay que tener en cuenta, que las aficiones no son un medio en sí mismas, sino un fin para descansar en los ratos de ocio. Si esta actividad se convierte en una obsesión, una fuente desmesurada de gastos, una huída de los deberes familiares, profesionales, sociales, entonces, es claramente negativa y habría que replantearse la conveniencia de seguir con ella. Por ejemplo, la astronomía, es una afición muy interesante, pero si para desarrollarla se pone en peligro la salud durante las observaciones, ya no es una afición, sino algo pernicioso cuya práctica debería reconsiderarse.

Las aficiones son un reflejo de la sociedad y la cultura en la que vivimos, que nos arraigan en ella y nos apartan de las de otros lugares y otros tiempos. En cada zona y momento las personas desarrollan una serie de actividades en su tiempo libre que son herencia de lo que han visto en su casa, en su familia, entre sus amistades.

El poder practicar un entretenimiento en los ratos libres no está al alcance de todos: por ejemplo, en los países pobres la población no puede permitírselo porque hasta los niños tienen que trabajar para sobrevivir. En otros lugares, lo que para una persona del mundo rico es un pequeño gasto empleado en su hobbie, para ellos es el equivalente al salario de muchas horas de trabajo.

Para desarrollar algunas aficiones es necesario invertir una cierta cantidad de dinero: para hacer maquetas, aeromodelismo, colección de relojes o encaje de bolillos hay que adquirir un material que puede ser más o menos costoso. Por el contrario, algunas otras aficiones son prácticamente gratuitas como coleccionar objetos de propaganda, confeccionar determinadas tallas en madera, hacer teatro o mimo, o bordar a punto de cruz.

Unas aficiones se desarrollan de forma individual: hacer velas, maquetas, bordar, coser, coleccionar postales, repujar cuero, leer... y otras se pueden compartir con diversas personas: montar una obra de teatro, ser radioaficionado, etc.

TIPOS DE AFICIONES

En este apartado no se hará mención a las aficiones que ya se tratan de forma específica, como la lectura, la música y el baile, el deporte, los espectáculos audiovisuales, las relacionadas directamente con la naturaleza: cuidado de los animales, senderismo, etc.

Una afición puede ser de carácter preferentemente manual o intelectual.

Manuales

Serían las que tienen un componente corporal, es decir, para poder realizarlas hay que tener o desarrollar una habilidad específica, una destreza que las relaciona con la artesanía. De hecho, muy a menudo, lo que para unas personas es un trabajo artesano, del que viven, para otras es sólo un hobbie en su tiempo libre.

Dentro de las aficiones manuales se podrían señalar algunas como las que siguen:

❖ Las relacionadas con ciertos oficios antiguos, hoy en día casi desaparecidos o claramente sustituidos por la industria:
  - Alfarería: elaboración de elementos de barro como vasijas, tinajas, botijos, cuencos, etc.
  - Mosaicos.
  - Cestería.
  - Elaboración de productos de vidrio, como copas, fuentes, jarrones, vidrieras, espejos.
  - Orfebrería: diseño y elaboración de joyas u objetos de adorno como algunos elementos decorativos con piedras preciosas o semipreciosas.
  - Telares: elaboración de telas, tejidos de lana, alfombras.
  - Luthería: elaboración manual y artesana de instrumentos musicales, especialmente de los ya desaparecidos o en desuso: como pueden ser la zanfoña, el rabel, etc.
  - Marroquinería: tratamiento del cuero para hacer bolsos, carteras, cordobanes, cinturones, objetos de escritorio, repujados...
  - Talla: de distintos elementos o materiales, como puede ser la piedra, la madera, el marfil, el hueso, y con distintas técnicas o instrumentos.
  - Esmaltes.
  - Encuadernación de libros.

- ✓ Marquetería.
- ✓ Estampación y grabado.
- ✓ Teñido de telas, lanas, etc.
- ✓ Diseño y elaboración de velas artísticas.
- ✓ Otras...........

Relacionan con las Bellas Artes

Para poder desarrollarlas es necesario tener ciertas cualidades artísticas, gusto por las actividades estéticas y facilidad para llevarlas a cabo:
- ✓ Caligrafía artística.
- ✓ Escultura.
- ✓ Pintura.
- ✓ Fotografía.
- ✓ Dibujo e ilustración.
- ✓ Creación de cómics.
- ✓ Aerografía.
- ✓ Modelado, cerámica, porcelana fría.
- ✓ Papel maché.
- ✓ Cuadros tridimensionales.
- ✓ Origami, papiroflexia.
- ✓ Otras.

Relacionadas con el hogar o el ámbito doméstico

Al igual que las vinculadas con la artesanía, algunas de ellas son, para muchas personas, su actividad laboral. Cuando se hacen como pasatiempo, sin ánimo de lucro, constituyen una afición:
- ✓ Coser.
- ✓ Bordar.
- ✓ Hacer encajes.
- ✓ Hacer bolillos.
- ✓ Hacer punto de cruz y petit point.
- ✓ Calcetar.

- ✓ Ganchillar.
- ✓ Tapizar.
- ✓ Cuidar plantas.
- ✓ Hacer colchas, cojines, alfombras y otros elementos decorativos para la casa.

Intelectuales

En las que lo más importante no es la parte manual o artesanal, sino en la que prima la parte racional.

Entre éstas, se pueden considerar las que se refieren a temas tan variados como la observación astronómica, la numismática, el ser radioaficionado, el coleccionismo, el hacer teatro, vídeo, fotografía, u otras similares.

Coleccionismo

Muchas personas son aficionadas a coleccionar. El tipo de ordenación puede ser de lo más común o algo muy específico. Algunas cosas que se suelen coleccionar:
Monedas.
Sellos.
Tarjetas postales.
Llaveros.
Mecheros.
Latas de refrescos.
Miniaturas de todo tipo.
Jabones.
Perfumes.
Figuritas.
Relojes.
Soldados antiguos.
Muñecas.
Peluches.
Cromos.
Chapas.

Memorabilia (recuerdos).
Medallas.
Pins.
Posavasos.
Pósters.
Cómics.
Fotos de diversos temas.
Calendarios.
Cochecitos.
Abanicos.
Plumas.
Bolígrafos.
Otras cosas...

Para mucha gente, el coleccionismo es un modo de relacionarse con otras personas que comparten la misma afición, con las cuales intercambian los objetos repetidos, asisten a exposiciones, reuniones, ferias, etc.

Muy frecuentemente, algunos museos se crean a partir de la actividad coleccionista de una persona que decide abrir las puertas de su afición más allá de su intimidad, o bien que dona a un museo lo que en ocasiones ha sido el entretenimiento de toda su vida.

Tanto los coleccionistas como las personas que tienen otro tipo de afición suelen recibir regalos relacionados con ella por parte de su familia y amigos, lo que suele contribuir a que ésta se desarrolle cada vez más.

Otras aficiones de difícil clasificación

Pero también muy frecuentes son todas las relacionadas con la construcción de maquetas, dioramas, realización de figuras en miniatura, construcción de casas de muñecas, reproducción de juguetes antiguos, trenes y coches eléctricos, modelismo de todo tipo...

Dentro de las aficiones más asociadas con el tema del hogar y la decoración se pueden señalar los arreglos florales, el secado de flores para hacer centros, cuadros, bandejas, etc. Además, todas las relacionadas con la reparación de muebles, restauración y recuperación de objetos decorativos antiguos, elaboración de velas, perfumes, ambientadores y un gran número de cosas que sería prolijo enumerar.

LOS HOBBIES Y EL CONSUMO

Aunque algunas de las aficiones de las que se ha tratado no requieren ninguna inversión, lo más frecuente es que casi todas ellas conlleven algún tipo de gasto.

Ciertas colecciones requieren un notable desembolso y puede considerarse como una inversión, tal como puede ser el caso de las monedas, los sellos, o algunos objetos que debido a su escasez o valor material tienen un coste muy elevado: relojes antiguos, plumas estilográficas, dedales de plata, cucharillas, etc.

Incluso algunas actividades como puede ser bordar a punto de cruz no son excesivamente baratas, debido al precio del hilo que se emplea para ello.

El mundo del coleccionismo y de las aficiones ha generado una industria muy boyante, alrededor de la cual surgen revistas especializadas en un tema, tiendas para comprar el material empleado, monitores y talleres de tiempo libre, clubes y asociaciones de las personas que cultivan la misma afición, ferias y exposiciones, viajes organizados para ver un museo dedicado a un hobbie, etc.

A la hora de iniciar una afición hay que tener en cuenta si se puede practicar realmente: contar con el espacio adecuado, el equipo y dinero necesario, las habilidades mínimas para que salga bien y no sea frustrante por no poder desarrollarla...

Por último, hay que señalar que no siempre lo más caro es lo mejor, y que el ingenio, la dedicación y el interés, el contar con la ayuda de otras personas y el ofrecer la propia, son factores decisivos a la hora de desarrollar una afición con la que disfrutar en el tiempo libre.

PROPUESTAS PEDAGÓGICAS

Probablemente en tus ratos libres tengas alguna afición con la que te entretienes y disfrutas.

En esta ocasión se te propone que pienses en los hobbies que ya practicas, los que tienen otros compañeros y a tí te podría gustar hacerlos y en otros que podéis descubrir entre todos.

1. El juego de las aficiones. Es similar al de las películas: una persona de un equipo intenta decir sólo con gestos a los de su equipo el nombre de un hobbie que le ha dicho el equipo contrario.

Gana el que adivine en el tiempo establecido el mayor número de aficiones.

2. El día de la afición. Todas las personas de clase harán una lista con las aficiones que practican (exceptuando los deportes, la música, el baile y las relacionadas con los medios audiovisuales, la lectura, Internet, videojuegos y afines) y el profesor les asignará un momento para que cuenten de qué se trata, cómo la desarrollan, etc., ante toda la clase.

Si varias personas comparten la misma afición, se repartirán la tarea entre ellas y abordarán el tema desde distintos aspectos.

Prepararán todo lo que consideren necesario para contar al resto de la clase cómo se practica esa afición. Para ello pueden servirse de material gráfico, revistas, libros, pósters, etc. Es conveniente que lleven los "productos" de su hobbie; por ejemplo, si hacen una colección, pueden exponer los objetos más interesantes de la misma.

Es bueno que al acabar la sesión, que no tiene por qué ser larga, se contesten las dudas de los compañeros sobre las motivaciones para practicar ese hobbie, el tiempo que le ocupa, la satisfacción que le produce, los sentimientos que le suscita, etc.

Esta actividad tiene como fin descubrir nuevos modos divertidos y amenos de emplear el tiempo libre y conocer más a los compañeros.

3. En pequeños grupos, hacer un estudio de las aficiones que desarrollan las personas más cercanas a vosotros según:
- ❖ La edad: ¿Influye la edad en el tipo de aficiones que se tienen? ¿Hay algunas que son comunes a todas las edades? ¿Rechazan o desaprueban las personas jóvenes ciertas aficiones? ¿Cuáles? ¿Y las de mediana edad o las ancianas? ¿Se puede deber a algún motivo? ¿Qué hipótesis se puede formular en torno a esto?
- ❖ El sexo: ¿Los hombres y las mujeres suelen tener el mismo tipo de hobbies? Poner ejemplos que demuestren vuestra respuesta. ¿Qué clase de actividades suele realizar la gente en función de su sexo? ¿Hay algún factor que influya de una manera u otra en ello?
- ❖ Formación: ¿Tienen el mismo estilo de aficiones las personas con mayor formación que las de un nivel más bajo? ¿A qué puede deberse esto?
- ❖ Clase social y poder adquisitivo: ¿Influye el dinero que maneja una persona para que practique una u otra afición? ¿Por qué? Relatad casos o ejemplos concretos que apoyen la afirmación.

Una vez hecho el trabajo, poned en común las conclusiones y abrid un diálogo sobre el mismo.

Escribe aquí lo que tú has concluido sobre el tema.

_____
_____
_____

4. Informaos sobre si hay alguna colección cercana al lugar donde residís y podéis organizar una visita a un museo que contenga estos objetos temáticos como: relojes, juguetes, tradiciones artesanales, trajes, etc. Id atentos y con ganas de aprender de las personas que hicieron la colección, del espíritu que la anima, de los objetos expuestos.

5. Buscar en los kioscos, librerías, internet, nombres de revistas especializadas en alguna afición determinada: punto de cruz, casas de muñecas, aeromodelismo, maquetas, miniaturas, cerámica, colecciones diversas, filatelia y numismática. Se puede comprar alguna que parezca interesante y ver su contenido como forma de descubrir algo sobre un nuevo hobbie que parezca interesante. Si algún compañero tiene alguna revista de este tipo, puede llevarla a clase para enseñarla a los compañeros.

6. Basándose en el texto de Medardo Fraile, titulado *El álbum*, hacer un pequeño cómic que lo ilustre.
¿Qué crees que quiere transmitir el autor de este relato?
¿Qué te parece la actitud del chico respecto a su álbum? Explícalo

EL ÁLBUM

Entraron aprisa en el café y se sentaron. La impaciencia les encendía los ojos al dejar el paquete sobre la mesa. Ella, apenas sentada, comenzó a abrirlo, mirando con amor, alternativamente, la cinta roja sobre el papel y el rostro de él con ligero orgullo protector y expectante.

–¿Qué van a tomar?
–Café con leche. ¿Y tú?
–Lo mismo.

En la mesa apareció con pastas de color azul marino, como el traje de los días señalados, el álbum de las chocolatinas. Era un gran día. Habían hablado de él como se habla de cuándo llegará un niño. Aquel álbum representaba el tesón del novio en su niñez, que había reunido una estampita tras otra hasta cubrir todas las ventanillas sin paisaje de aquel libro difícil. Sus compañeros de colegio –él lo recordaba– habían dejado en el álbum huecos de desamor y desidia. Y el álbum, ahora flamante sobre la mesa, mostraba la solicitud en el tiempo de un hombre cuidadoso, fiel toda la vida a sus más inocentes alegrías, al objeto de su ilusión más nimia. Para la novia, aquel álbum azul implicaba tesón y constancia. Tenían sobre la mesa el café con leche del amor humilde, pero tenían también dentro del libro las maravillas todas del Universo, y se pusieron a deshojarlas con lentitud amorosa, como si en ello les fuera su felicidad, el sí o el no.

–No: hoy «Las Mariposas», no –decía ella con tremendo gozo–. Hemos visto ya «Los Grandes Inventos».

Cada hoja les aproximaba, día tras día, un poco más. El día de «Las Mariposas», ella balanceó sus pestañas en el aire hacia un hombre joven que estaba enfrente sentado, y él –el novio– tuvo celos. Pero ella ni había mirado siquiera a aquel hombre: quería simplemente mariposear con sus finas pestañas. El día de «Las Aves Domésticas» proyectaron un canario naranja transparentándose en el hogar que tendrían, en la ventana con sol: «Mejor, blanco», insinuaba él. «No, tiene que ser naranja», decía resuelta ella, entornando los ojos como si les dañara el agridulce color del pájaro. Las «Aves Exóticas» pusieron sobre el pelo de ella, suave, un sombrerito atrevido de vistosas plumas en una tarde con risa en el mundo, y champaña y «confetti». En «Flores Para Regalo», él la obsequió con doce tulipanes para que no olvidara alguna cosa. Al llegar a «Animales Prehistóricos», tuvo ella miedo y se acercaron más. Él quiso continuar más días viendo «Los Animales Prehistóricos», pero ella se negó y entró en la hoja rutilante de «Las Piedras Preciosas». Ante «Las Piedras Preciosas» él anduvo receloso por sentimiento atávico. Veía en los ojos de ella cierta cortesana desfachatez, ciertas desmesuradas pretensiones, que le tuvieron en desazón toda la tarde y que interpuso entre ellos una pastosa frialdad anfibia. En «Las Algas» enredaron sus dedos, manos, brazos, miradas y palabras. Con «La Evolución del Automóvil» lo pasaron bien, dieron saltos y frenazos bamboleantes sobre sus sillas. Con «Las Fieras» se identificó ella de tal forma, que los ojos se le llenaron de instinto y él se encontró como un domador trágico que de un instante a otro podía perecer. Con «La Fauna del Mar» cruzaron una y otra vez por los ojos de él y de ella los peces cariñosos, perezosos, suaves, del amor, y estuvieron pasando toda la tarde mansa, humildemente. Al llegar a «Las Frutas», ella, con un rubor, posó su mano sobre las manzanas para que él no tuviera ningún pensamiento avanzado, para que no pensara como Adán.

Terminaron el álbum, y estaban tostados y palpitantes como después de un largo viaje. Era como si volvieran con los mismos recuerdos de una luna de miel respetuosa. Ella esperó todos los días —sobre todo el último— a que él dijera: «El álbum, para ti, te lo regalo». Pero no lo hizo. Llenar aquel libro de cromos había sido la gracia de su niñez, le había proporcionado entrada de honor en todas las visitas. Y cogió su álbum y se lo guardó. Ella, de haberlo tenido, le hubiera devuelto su regalo en palabras llenas de entendimiento y colores, en experiencia del mundo, en primores de planta y honduras de mar. Pero así las tardes fueron enfriándose, se aburrían y hacían tos de las palabras rotas. Y un día ella –que se había enamorado de aquel álbum– le dijo adiós a él. Y él tendrá que sacarlo de nuevo en su vida, cuando llegue la hora, sin atreverse a regalarlo nunca. (1979: 52-54).

8. Las lecturas

INTRODUCCIÓN

Una de las formas de ocupar el tiempo de ocio es a través de la lectura, actividad muy placentera para los lectores habituales, y que, sin embargo, a muchas personas les resulta difícil por distintas causas como puede ser la falta de tiempo para leer, la mala visión, una deficiente educación para la lectura, o que, simplemente, no han descubierto el placer de practicarla.

Existen numerosos estudios muy interesantes sobre el tema de las técnicas de animación a la lectura para llevar a cabo en los centros escolares, implicando no sólo a los profesores y a los alumnos, sino también a la familia, a los cuales cabe remitirse para desarrollarlos por extenso. No se abordarán en este trabajo, por estar fuera de la finalidad del mismo.

En las actividades para el alumno se proponen tanto algunas con los libros como con la prensa, pues la lectura de periódicos y revistas es una de las maneras en que se puede ocupar el tiempo de ocio de manera agradable y entretenida.

Muy a menudo, los escolares relacionan el leer con los trabajos de clase, los resúmenes que hay que hacer para justificar la lectura de una obra, lo que acaba identificando lectura con esfuerzo y no con placer y diversión, que es lo que se quiere obtener en los ratos de ocio (Larrosa, 1998; Borja, 2000; Núñez, 2001 y Barrena y otros, 2001). Sin embargo, la lectura de la prensa no suele asociarse con la obligación, por lo que muchos alumnos podrán acercarse a la lectura a través de ésta.

El mundo de la lectura es muy amplio, y no se limita sólo a los libros: los periódicos, las revistas, los cómics, los folletos, y otro material impreso ofrecen una gran variedad de posibilidades adaptadas a los gustos y necesidades de cada persona.

En este apartado se abordará más por extenso la lectura de los libros y de la prensa, desde luego sin pretender agotar el tema, y considerándolo desde el punto de vista del ocio, es decir, la lectura como fuente de placer y no como medio de aprender, estudiar, investigar, u otras finalidades semejantes, (Casado, 2003 y Gil, 2003). Sin embargo, no está de más el recordar los beneficios que comporta la lectura, entre los que cabría destacar:

- ❖ Es una fuente de diversión.
- ❖ Desarrolla la imaginación, la creatividad, la memoria y la concentración.
- ❖ Estimula el hábito de la reflexión y desarrolla el pensamiento racional.
- ❖ Favorece la adquisición de un vocabulario más amplio, mejorando la facilidad de palabra.
- ❖ Es una fuente de cultura.
- ❖ Aumenta el interés por los demás y por el mundo que nos rodea.
- ❖ Facilita el desarrollo emocional y social.
- ❖ Al fomentar personas cultivadas, aumenta la confianza y seguridad de las mismas.
- ❖ Amplía la visión sobre los acontecimientos, las cosas y las personas.
- ❖ ...

HISTORIA DEL LIBRO

Los inicios

Los primeros libros consistían en planchas de barro que contenían caracteres o dibujos grabados con un punzón. Quienes los utilizaron fueron los antiquísimos pueblos de Mesopotamia, entre ellos los sumerios y los babilonios. Mucho más próximos a los libros actuales eran los rollos de los egipcios, griegos y romanos, compuestos por largas tiras de papiro –un material parecido al papel, que se extraía de los juncos del río Nilo– que se enrollaban alrededor de un palo de madera. El texto, escrito en columnas y por una sola cara, se podía leer desplegando el rollo. La longitud de las láminas de papiro era muy variable. La más larga que se conoce (40,5 metros) se encuentra en el Museo Británico de Londres. Más adelante, durante el periodo helenístico, hacia el siglo IV a. C., los libros más extensos comenzaron a subdividirse en varios rollos, que se almacenaban juntos.

Los escribas profesionales se dedicaban a copiarlos o a escribirlos al dictado, y los rollos solían protegerse con telas y llevar una etiqueta con el nombre del autor. Atenas, Alejandría, –lugar donde estuvo una de las maravillas del mundo antiguo, su Biblioteca–, y Roma eran grandes centros de producción de libros, y los exportaban a todo el mundo conocido en la antigüedad. Sin embargo, copiar a mano era lento y costoso, por lo que sólo los templos y algunas personas ricas o poderosas podían poseerlos, y la mayor parte de los conocimientos se transmitían oralmente.

Aunque los papiros eran baratos, fáciles de confeccionar y constituían una excelente superficie para la escritura, resultaban muy frágiles: en climas húmedos, sólo sobrevivían unos cien años. Por este motivo, gran parte del material escrito de la antigüedad se ha perdido de un modo irreversible.

El pergamino y algunos materiales derivados de las pieles secas de animales no presentan tantos problemas de conservación como los papiros. Los utilizaron los persas, los hebreos y otros pueblos en cuyo territorio no abundaban los juncos, y fue el rey Eumenes II de Pérgamo, (de ahí el origen de la palabra "pergamino") en el siglo II a. C., uno de los que más fomentó su utilización, de modo que hacia el siglo IV d. C., había sustituido casi por completo al papiro.

Los primeros códices

El códice consistía en un cuadernillo de hojas rayadas hechas de madera cubierta de cera, de modo que se podía escribir sobre él con algo afilado y borrarlo después, si era necesario. Entre las tablillas de madera se insertaban, a veces, hojas adicionales de pergamino. Con el tiempo, fue aumentando la proporción de papiro o, posteriormente, pergamino, hasta que los libros pasaron a confeccionarse casi exclusivamente de estos materiales, plegados formando cuadernillos, que luego se reunían entre dos planchas de madera y se ataban con correas. Frente a los rollos, poseían la ventaja de la comodidad en su manejo, pues permitían al lector encontrar fácilmente el pasaje que buscaban, y podían contener escritura por sus dos caras. Por eso fueron muy utilizados en los comienzos de la liturgia cristiana, basada en la lectura de textos para cuya localización se debe ir hacia adelante o atrás a través de los distintos libros de la Biblia.

Libros medievales europeos

En la Europa de comienzos de la Edad Media, eran los monjes quienes escribían los libros. La mayor parte de ellos contenían fragmentos de la Biblia, aunque muchos eran copias de textos de la Antigüedad clásica.

Los monjes solían escribir o copiar los libros en amplias salas de los monasterios denominadas escritorios. Muchos libros medievales contenían dibujos realizados en tintas doradas y de otros colores, que servían para indicar los comienzos de sección, para ilustrar los textos o para decorar los bordes del manuscrito.

Los libros medievales tenían portadas de madera, reforzadas a menudo con piezas de metal, y poseían cierres en forma de botones o candados. Muchas de las portadas iban cubiertas de piel y, a veces, estaban ricamente adornadas con trabajos de orfebrería. Estos bellísimos ejemplares eran auténticas obras de arte en cuya confección intervenían, hacia el final de la Edad Media, orfebres, artistas y escribas profesionales. Los libros, por aquella época, eran escasos y muy costosos, y se realizaban, por lo general, por encargo de la pequeñísima porción de la población que sabía leer y que podía sufragar sus gastos de producción. Entre los manuscritos miniados españoles destacan los llamados beatos, libros cuidadosamente decorados, sobre los *Comentarios al Apocalipsis* como el del Beato de Liébana.

Libros impresos

En el siglo VI a. C., en China ya se imprimían textos utilizando pequeños bloques de madera. Este método resultaba más rápido y cómodo que tener que escribir las distintas copias del libro a mano, pero se necesitaba mucho tiempo para grabar cada bloque, y se podía utilizar para una sola obra. En el siglo XI, los chinos inventaron también la impresión a partir de bloques móviles, que podían ensamblarse entre sí para componer distintas obras. Sin embargo, hicieron muy poco uso de este invento, debido al enorme número de caracteres del chino. En Europa, se comenzaron a imprimir trabajos con este método en la Edad Media, como consecuencia de los contactos que se tenían con Oriente. Los libros así impresos solían ser obras religiosas, con grandes ilustraciones y escaso texto.

Libros del Renacimiento

En el siglo XV se dieron dos innovaciones tecnológicas que revolucionaron la producción de libros en Europa.
Una fue el papel, cuya confección aprendieron los europeos de los pueblos musulmanes –que lo habían aprendido de China–.
La otra, la imprenta del alemán Johann Gutenberg basada en los tipos móviles de metal. Fue él quien publicó en

1456 el primer libro importante realizado con este sistema, la Biblia de Gutenberg.

Estos avances tecnológicos simplificaron la producción de libros, convirtiéndolos en objetos relativamente fáciles de confeccionar y, por tanto, accesibles a una gran parte de la población, circunstancia que se unió a una creciente alfabetización. Por eso, en el siglo XVI, tanto el número de obras como el número de copias de cada una se incrementó de un modo espectacular, y este crecimiento comenzó a estimular el deseo del público por los libros.

La imprenta llegó muy pronto a España, y se supone que el primer libro español se imprimió en 1471. En los siguientes años, auspiciados por la política cultural de los Reyes Católicos, aparecerían otros muchos libros, como la primera gramática española, la *Gramática de la lengua castellana* del humanista Elio Antonio de Nebrija, impresa en Salamanca en el año 1492.

La imprenta se conoció en América algo más tarde, en 1540, al empezar a funcionar la primera en México. La edición de libros se inició en seguida y se multiplicó extraordinariamente, tanto en Nueva España como en el Perú.

Los impresores renacentistas italianos del siglo XVI establecieron algunas tradiciones como la página de título y del prólogo o introducción. Gradualmente, se fueron añadiendo a estas páginas las del índice de contenidos, la lista de ilustraciones, notas explicativas, bibliografías e índice de nombres citados.

Libros contemporáneos

A partir de la Revolución Industrial, la producción de libros se fue convirtiendo en un proceso muy mecanizado. En nuestro siglo, se ha hecho posible la publicación de grandes tiradas a un precio relativamente bajo gracias a la aplicación al campo editorial de numerosos e importantes avances tecnológicos. Así, la baja en el costo de producción del papel y la introducción de la tela y la cartulina para la confección de las portadas, de prensas cilíndricas de gran velocidad, de la composición mecanizada de las páginas y de la reproducción fotográfica de las imágenes han permitido el acceso a los libros a la mayor parte de los ciudadanos occidentales.

A pesar de que los modernos medios de comunicación, como la radio, el cine, la televisión e internet, han restado protagonismo cultural al libro, continúa constituyendo el principal medio de transmisión de conocimientos, enseñanzas y experiencias tanto reales como imaginadas[4].

LAS BIBLIOTECAS

Las bibliotecas son los lugares donde se guardan los libros. Anteriores a la creación de la imprenta, la tradición cuenta que la primera fue la creada en Egipto por el rey Osimando, dos mil años antes de Cristo. Sin embargo, la más importante fue la de Alejandría, fundada por los Tolomeos, y en la que se guardaban unos 700.000 volúmenes.

En Grecia, Samos y Atenas resultaron ser los primeros lugares en tener bibliotecas, después de que Cadmo, hijo de Agenor, llevase los caracteres alfabéticos a este país, 1519 años antes de la era cristiana.

Posteriormente, las bibliotecas más importantes fueron las de los monasterios, universidades y chancillerías, hasta que poco a poco se fueron generalizando en toda la sociedad y al alcance de la mayoría de la población.

Las bibliotecas pueden ser privadas –las de una persona o institución para su propio uso– o públicas, que están a disposición de unos usuarios externos.

Dentro de éstas, cabe destacar las de los centros educativos, como las de las Universidades y las escolares. En los

---

[4] Tomado de Historia de las "cosas" en www.saber.golwen.com.ar (Página consultada, 24 de agosto de 2006).

centros escolares suele existir una biblioteca general y las llamadas bibliotecas de aula.

También los ayuntamientos crean bibliotecas públicas para facilitar el acceso a la lectura de un gran número de personas, al igual que ciertas instituciones de distinto tipo, como fundaciones, asociaciones culturales, u otras.

El material que hay en las bibliotecas está clasificado, para poder acceder a él con más facilidad. Actualmente se sigue la Clasificación Decimal Universal o CDU, que es la siguiente:

0. Generalidades.
1. Filosofía.
2. Religión.
3. Ciencias sociales.
4. Vacante.
5. Ciencias puras.
6. Ciencias aplicadas.
7. Arte.
8. Literatura.
9. Historia.

En las bibliotecas, además de libros, se pueden encontrar revistas, folletos, boletines, catálogos, todo ello en soporte papel, y cada vez más, en soporte digital. Los tradicionales ficheros con fichas de cartulina se están sustituyendo por la información recogida en un ordenador al que el público puede ver sin necesidad de consultar con la persona encargada de la biblioteca. Además, se pueden conocer por Internet a los fondos bibliográficos de un gran número de bibliotecas, lo que facilita el acceso a muchos libros difíciles de consultar, por ejemplo, los que están en el extranjero, los que ya no se publican, etc.

Dada la facilidad que hay actualmente para acceder a libros y revistas a través de los servicios de préstamo de las bibliotecas, cabría afirmar que la lectura está hoy en día al alcance de todas las personas que se sientan realmente interesadas en leer.

Además, es relativamente sencillo, cuando uno está interesado, realizar el intercambio de libros con vecinos, amistades, compañeros de trabajo o estudio, etc., y como consecuencia, el gasto es mínimo, de tal modo que se puede llegar a incrementar la lectura de forma sencilla y económica. Más hace el que quiere que el que puede. Lo importante para leer no es sólo tener los libros o la prensa, sino que se den las condiciones para hacerlo: gusto por la lectura, interés, tiempo, etc.

BREVE HISTORIA DEL PERIODISMO

Todas las civilizaciones han deseado siempre conocer las principales noticias de lo que sucedía en el entorno donde vivían e incluso, más allá de éste. Los principales medios con los que contaban eran los relatos orales de testigos de los acontecimientos, narraciones contadas por visitantes, viajeros, peregrinos, etc.

Este medio de conocer noticias se complementaba, si era posible, con textos escritos, como las "Actas del pueblo", que empleaban los romanos: eran hojas pegadas en tablones de ciertos lugares públicos, que relataban noticias de interés para los ciudadanos.

Durante la Edad Media nacieron los llamados "Avisos", que eran cuatro páginas manuscritas y anónimas, muy frecuentes en los puertos del Mediterráneo.

En el siglo XV surgen las relaciones y en el XVI los "canards", de contenido sensacionalista.

En el año 1609 aparecen las Gacetas, de periodicidad semanal, siendo las más famosas las que se editaban en Francia. En 1661 nace "La Gaceta de Madrid".

Los periódicos ven la luz en España en 1837, aunque ya en el siglo XVII se produjo una prensa popular, con los Almanaques y Pronósticos, que tuvieron un éxito inmediato entre las clases más desfavorecidas.

En el siglo XIX existe una gran diversidad de periódicos, también para las clases populares –hasta aquel momento, la prensa estaba reservada a un público culto e instruido–. A partir de 1868, los periódicos se hacen más atractivos y amenos, tienen más publicidad e insertan los llamados "folletines", es decir, novelas por entregas.

En ese mismo año de 1868 empiezan a publicarse prensa femenina y los primeros periódicos obreros.

A finales del XIX y principios del XX existen los periódicos de masas, y el número de personas que los leen y el número de periódicos que surgen aumentan de forma espectacular. En España nacen "La Vanguardia", en 1881, "ABC" en 1903, "El Faro de Vigo", decano de la prensa española, el 3 de Noviembre de 1853, y otros que han llegado hasta hoy.

Durante la Segunda Guerra Mundial se incorpora la fotografía de forma más amplia en los periódicos y se utilizan estos como medio de propaganda para luchar contra el enemigo.

Los adelantos técnicos han acercado la prensa a un público cada vez mayor, el número de publicaciones se ha multiplicado de forma espectacular, tanto en prensa generalista como en la más especializada, y es posible encontrar un amplio abanico de revistas y periódicos sobre cualquier tema que se desee.

Al mismo tiempo que la prensa de papel, en estos momentos se desarrolla a gran velocidad la prensa digital, que cada vez cuenta con más lectores, debido a la facilidad para acceder a noticias de última hora que están continuamente actualizándose, a la gratuidad de algunos de estos periódicos digitales, etc.[5]

CLASIFICACIÓN DE LAS LECTURAS, DE DIARIOS Y REVISTAS

Se pueden hacer múltiples clasificaciones para encuadrar el gran número de publicaciones que cada día llegan a los

---

[5] Estos datos se han tomado de un escrito de Natalia Bernabeu Morón recogido en www.personal.telefonica.es/web/mlea/main.htm (Página consultada el 24 de agosto de 2006).

quioscos y a las que se puede acceder para leer en el tiempo de ocio. Una posible clasificación es la siguiente:

DIARIOS:
- ✓ De información general.
- ✓ Económicos.
- ✓ Regionales.
- ✓ Deportivos.

REVISTAS:
- ✓ De informática.
- ✓ Científicas: arquitectura, medicina, ingeniería, filología, etc.
- ✓ Revistas de adultos.
- ✓ Cómics: clásicos, de humor, manga.
- ✓ Publicaciones: universitarias, institucionales, ideológicas, boletines, fanzines.
- ✓ De información general.
- ✓ De economía.
- ✓ Del motor, coches y motos.
- ✓ De humor.
- ✓ De sociedad y del corazón.
- ✓ Deportivas, caza y pesca.
- ✓ De plantas.
- ✓ Regionales.
- ✓ Femeninas, masculinas.
- ✓ De decoración, cocina y hogar.
- ✓ De salud.
- ✓ Para padres y madres.
- ✓ Culturales: de cine, música, arte, filosofía, etc.
- ✓ De gastronomía.
- ✓ Ecología.
- ✓ Animales.
- ✓ Consumo.
- ✓ Taurinas.
- ✓ Modelismo.

- ✓ Bricolage.
- ✓ Tatuajes.
- ✓ Guías y carteleras: de entretenimiento, carteleras, de turismo, de viajes, de pasatiempos y juegos.
- ✓ ....

Cada vez aumenta el número de publicaciones periódicas que se presentan a la vez en formato digital; unas previo pago para acceder a ellas; otras, de forma totalmente gratuita, al menos en ciertas secciones a las que se puede entrar libremente.

Aunque muy a menudo surge el tema de si el periódico digital acabará sustituyendo a las publicaciones de papel, de momento casi se puede asegurar que hay espacio para todos, y que ambos podrán coexistir sin problemas.

PROPUESTAS PEDAGÓGICAS

Una de las actividades que puedes realizar en tus ratos libres es la lectura, tanto de libros como de periódicos y revistas de todo tipo.

Con ellos descubrirás cosas que no sabías, conocerás otras formas de pensar y de vivir, podrás evadirte de la vida cotidiana, llenarás de diversión tu tiempo libre, aprenderás cosas insospechadas y se ampliará tu visión del mundo.

1. Las bibliotecas. Toda la clase va a ir a la biblioteca del centro para saber lo que hay en ella, conocer cómo llega y se clasifica el material, cómo se pueden obtener libros en préstamo, etc.

A la vuelta, se puede abrir un diálogo sobre lo que más os haya llamado la atención de la visita, y lo que se haya aprendido en ella.

A continuación, escribe lo que destacarías de la visita:

1. ....
....
2. ....
....
3. ....
....

2. ¿Tienes una biblioteca en tu casa? Si es así, puedes señalar tus libros con los llamados *"ex-libris"*.

Infórmate de en qué consisten y diseña uno para tu propia biblioteca.

Podéis hacer un concurso entre la clase para ver cuál es el más original, el más artístico, el más ingenioso, el más divertido.

3. Para saber en qué página de un libro se ha interrumpido la lectura se inventaron los *marcapáginas:* unas tiras de cartón, papel, cuero, nácar, o metales preciosos que se colocan en la página donde se debe continuar leyendo. Muchas personas hacen colección de ellos, pues algunos son verdaderas obras de arte. A veces, tienen frases célebres, citas, máximas que invitan a la lectura y la reflexión. Están decorados con calendarios o dibujos, llevan incrustaciones de piedras preciosas, un collage, etc. La variedad es muy grande.

Puedes hacer tus propios marcapáginas y junto con los de los otros compañeros y compañeras de clase, hacer una exposición para que la vea y valore todo el centro escolar.

Si otras clases se animan a participar, puede organizarse un concurso de la siguiente forma: cada alumno hace su marcalibros, lo expone en un lugar del centro preparado para tal fin, todos los miembros del Centro votan por el que más les gusta, que será el ganador. Este se puede imprimir y regalar o vender en el colegio para ganar dinero para el viaje de fin de curso, excursiones, etc.

4.-¿Te diviertes leyendo? Hay muchas personas que desconocen el placer de leer, quizás porque nadie les ha recomendado un libro que les pueda gustar.

Con esta actividad se te propone que pienses en un libro que realmente te haya agradado y que digas por qué. No es necesario que des una larga explicación.

Haz una ficha como esta, rellénala y pégala en el tablón de anuncios de la clase o de la biblioteca. Puede servirle a un compañero para animarse a leer un libro con el que pasar un buen rato.

Nombre del libro	Me gustó por......

5. A muchas personas les gusta tanto un libro que practican el llamado *"bookcrossing"*, es decir, liberan libros en lugares públicos para que el que se lo encuentre pueda leerlo y seguir pasándolo a otros posibles lectores.

Puedes liberar algún libro que te parezca bueno, y ver si es una actividad interesante. Antes, infórmate en Internet sobre cómo se lleva a cabo el *"bookcrossing"*, cómo surgió esta idea, etc.

6. Además de los libros, una buena parte de la lectura recae en *la prensa:* diarios, periódicos deportivos, revistas de información general, revistas especializadas en un tema, cómics....

- Para desarrollar esta actividad hay que llevar a clase periódicos locales, nacionales y regionales. Con las indicaciones del profesor o profesora se verán

las distintas secciones que los componen; algunas son comunes a todos ellos; otras, específicas. Señalar cuáles y comprobar de qué partes está compuesto un periódico.
- Tras el estudio de las mismas, se elaborará uno entre toda la clase, bien redactando las noticias, bien haciendo un collage con las ya existentes, especialmente con aquellas que fomenten algún valor como el compañerismo, la solidaridad, el esfuerzo, la responsabilidad, el sentido del humor, la generosidad...
- Aprovechando esta actividad, se seleccionarán todas las actividades relacionadas con el ocio y se hará un listado con ellas (exposiciones, recitales, viajes, conciertos, museos, teatro, cine, televisión, deportes...) para abrir un diálogo sobre la oferta de ocio que hay en la ciudad, región, país.

7. Si te gusta leer *revistas sobre algún tema específico* (bricolage, astronomía, ecología, motos, cocina, artesanía, naturaleza...) y las guardas en casa, tráelas a clase para enseñárselas a tus compañeros y explicarles por qué te atraen estas publicaciones.

Se pueden dejar en clase, organizando una pequeña exposición, para que los otros tengan tiempo de mirarlas, pues quizás no las conozcan y les interesa acercarse a ellas y leerlas. Tal vez alguien se anime a compartir contigo una determinada afición o le descubras el placer de practicarla en sus ratos libres. Piensa que mucha gente no hace cosas interesantes o divertidas porque no sabe que existen y tú puedes ayudar a que tus compañeros lo pasen bien.

8. Con motivo del Día del Libro, la clase o todo el centro puede organizar un *Mercadillo de libros* con el fin de compartir con los demás y hacer un intercambio tanto de libros como de revistas o cómics.

Para ello, cada uno trae los libros que quiera, que se entregarán a un equipo encargado de la recogida. Por cada ejemplar le entregarán un vale.

El día señalado, se expondrá en un lugar todo el material, y cada alumno podrá elegir un libro o revista que otro ha llevado, canjeándolo con los vales. El que más libros haya llevado, podrá coger más.

Se puede avisar a la prensa local para que dé cuenta de la actividad desarrollada, con el fin de que las personas reflexionen sobre los beneficios de la lectura, al menos en ese día.

9. Como sabrás, la primera literatura que surge en cualquier comunidad es la oral: primero nacen las narraciones orales y posteriormente, las escritas.

Es probable que hayas escuchado alguna narración, cuento, relato que te haya gustado y lo tengas bien grabado en la memoria.

La actividad propuesta es preparar *una sesión de cuentacuentos* para compartir un buen rato con el resto de la clase. El profesor o profesora orientarán sobre el desarrollo de esta actividad.

Si alguno de los relatos os gusta mucho, podéis ponerlo por escrito para que lo lean otras personas: colgado en el tablón de anuncios, en la revista escolar, si la hay, en la biblioteca, en el periódico local a través de una colaboración,...

10. ¿Conoces algún periódico escolar elaborado por un diario local o nacional? ¿Has leído algún suplemento específico para escolares? ¿Qué tipo de actividades suelen aparecer en ellos?[6]

---

[6] Ver sobre Proyecto Voz Natura: www.Fundacionsantiagoreyfernandezlatorre.com/natura (Página consultada el 16 de agosto de 2006).

11. Por último, infórmate de cómo debe ser una lectura sana, que cuide la vista, y escribe aquí los consejos básicos para leer sin que se dañen nuestros ojos. _____
_____
_____
_____
_____
_____
_____
_____
_____
_____

9. Los medios audiovisuales

INTRODUCCIÓN

Siempre que en la sociedad se introduce algún cambio, la gente siente miedo ante lo desconocido, recela de las ventajas de la innovación y necesita un período adaptativo para incorporar la novedad a su vida.

Pasado un tiempo, se pueden conocer los inconvenientes y las ventajas que supone dicho cambio, y tomar las medidas oportunas, rectificar lo que es malo y potenciar lo positivo de la innovación. Más adelante, las personas conviven sin mayores problemas con lo que en un principio a muchos les disgustó o les asustaba.

Este proceso se siguió con los medios audiovisuales, e incluso continúa hoy en día: por ejemplo, muchas personas critican la televisión sin querer ver sus ventajas, que las tiene si se saben descubrir (Martínez-Salanova, 2005, 2006: 14-17).

En este tema se abordará el uso de los audiovisuales en el tiempo libre y cómo deben ser empleados para que realmente sean enriquecedores y no alienantes.[7] Para ello, es importante conocerlos al menos brevemente por dentro, para descubrir las posibilidades que aportan para la educación en el tiempo de ocio.

---

[7] Información recogida en: www.iris.cnice.medc.es/media, del Ministerio de Educación. (Página consultada el 16 de agosto de 2006).

LA RADIO

Características generales del medio

En relación con otros medios de comunicación, la radio genera una situación comunicativa muy particular, en la que emisor y receptor se ven sin ser vistos, en la que se perciben espacios sin ser percibidos, en la que, sobre la nada, se dibujan mares, ríos, montañas, animales, rostros, sonrisas, tristezas... La radio, como muchas veces se ha dicho, es un medio ciego, pero también es, al mismo tiempo, un mundo a todo color.

La radio es todo eso porque, en aquel que la escucha, genera constantemente imágenes mentales que, a diferencia de esas otras imágenes que ofrecen el cine, la televisión, la prensa, la fotografía o los videojuegos, por citar algunos ejemplos, no están limitadas por espacios, ni por pantallas, ni por colores, ni por sonidos. Y tampoco están limitadas, ni mucho menos, por el lenguaje radiofónico; un lenguaje que, como luego veremos, presenta una gran riqueza expresiva y unas extraordinarias posibilidades de explotación.

La capacidad de generar imágenes mentales en los oyentes es, sin duda, la principal especificidad de la radio como medio de comunicación, aunque tradicionalmente también se le han atribuido otras propiedades a las que necesariamente tenemos que referirnos: su inmediatez, la heterogeneidad de su audiencia, su accesibilidad o la credibilidad de sus mensajes. Además, la radio, en comparación con la prensa o la televisión, es barata y técnicamente sencilla. No hace falta disponer de grandes infraestructuras para emitir, ni trasladar cámaras, ni equipos de iluminación, ni poner en marcha impresionantes rotativas.

La radio, pese a los avances que han experimentado otros medios gracias a la incorporación de las nuevas tecnologías de la información y de la comunicación, sigue siendo, en la actualidad, la más rápida y la más instantánea, sobre todo a la hora de transmitir acontecimientos noticiosos de última hora. De la misma manera, la radio no ha perdido la virtud de llegar a todos los públicos, porque, entre otras cosas, sus mensajes son sencillos y fáciles de entender, porque su escucha es compatible con el desarrollo de otras actividades, porque entretiene, porque no es necesario saber leer, porque es gratuita, y porque, a diferencia de la prensa, la televisión o el cine, para algunas personas discapacitadas no interpone barreras. (Varios Autores, 1999).

El medio que nos ocupa ha inspirado tradicionalmente una gran confianza entre sus seguidores, posiblemente porque la mayoría de los locutores se dirigen a ellos de tú a tú, les despiertan por la mañana, les acompañan durante la noche, conversan con ellos, les hablan..., y casi siempre con un halo de naturalidad y amistad que difícilmente se aprecia en otros medios audiovisuales. En la confianza que despierta la radio entre la población española, posiblemente radique el hecho de que, hoy por hoy, siga suscitando una gran credibilidad. Pocos ponen en duda, por ejemplo, la veracidad de la información radiofónica.

Pero no todo son ventajas. La radio tiene otras características que conviene no perder de vista, ya que influyen poderosamente sobre el trabajo diario de sus profesionales y condicionan gran parte de las tareas productivas más cotidianas, como la redacción de los textos y la locución. La radio, es un medio exclusivamente sonoro y, por tanto, en la percepción de sus mensajes sólo participa uno de los cinco sentidos: el oído. Además, la radio es un medio acusmático, ya que, como señala en su libro *La audiovisión*, Michel Chion (1993), uno los teóricos más prestigiosos en el campo de la comunicación audiovisual, no aporta imagen alguna del origen de todos aquellos sonidos que constantemente emite.[8]

---

[8] Desde el cine podemos apreciar la vida de la radio a través de las siguientes muestras: *Historias de la radio*, de José Luis Sáenz de Heredia (España, 1955); *Días de radio*, de Woody Alen (USA, 1987) y *La verdad sobre perros y gatos*, de Michael Lehman (USA, 1996), entre otras.

El lenguaje radiofónico: materiales sonoros y no sonoros

En la radio, al igual que en los otros medios, convergen todas y cada una de las condiciones necesarias para hacer de la comunicación una realidad, ya que, entre otras cosas, tiene un lenguaje y un código específicos de los que se sirven sus profesionales para construir toda esa amalgama de mensajes/ sonido que llegan a nuestros oídos a través de los aparatos receptores.

De hecho, si ahora se sintoniza una emisora de radio se percibiría que constantemente se van sucediendo y alternando voces y músicas, y, en algunos casos, otros sonidos como el cantar de los pájaros en un anuncio sobre un balneario situado en plena naturaleza, o el de un motor y un claxon en un anuncio de coches. Se observaría, igualmente, que todo está perfectamente ordenado y que, por ejemplo, una voz aparece cuando ha callado otra, que un fragmento musical que emerge al inicio de un informativo desaparece lentamente, que un locutor presenta una canción mientras suenan, a un volumen más bajo, las primeras frases de la música, y así un largo etcétera.

Los componentes del lenguaje radiofónico son cuatro: *la voz* (o el lenguaje de los humanos), *la música* (o el lenguaje de las sensaciones), *los efectos sonoros* (o el lenguaje de las cosas) *y el silencio*.

El principal denominador común de los componentes del lenguaje radiofónico es, ante todo, su ilimitada riqueza expresiva y su gran poder de sugestión. Utilizando sólo la voz, o sólo la música, o la voz y la música, o la voz y el silencio, o todas las materias primas a la vez, logra que el oyente se alegre o se ponga triste, que visualice en su mente un paisaje, que recree un movimiento, que sienta miedo, que se entretenga o que se aburra.

Tras estas explicaciones, resultará más fácil comprender la definición de lenguaje radiofónico que el profesor Armand Balsebre (1994), catedrático de Comunicación Audiovisual y Publicidad en la Universidad Autónoma de Barcelona, aporta en el libro que, precisamente, lleva por título *El lenguaje radiofónico:* Conjunto de formas sonoras y no-sonoras representadas por los sistemas expresivos de la palabra, la música, los efectos sonoros y el silencio, cuya significación viene determinada por el conjunto de los recursos técnico-expresivos de la reproducción sonora y el conjunto de los factores que caracterizan el proceso de percepción sonora e imaginativo-visual de los radioyentes.

Los programas más escuchados

Los sistemas de medición de audiencias, son los instrumentos que sirven para determinar, por ejemplo, que la radio generalista es la preferida por los españoles, o que la Cadena 40 Principales es, de entre las emisoras especializadas, la más seguida, sobre todo entre la población juvenil de nuestro país. Estos sistemas de medición también son útiles para observar cuáles son los programas de mayor éxito, así como el período horario en el que la radio logra el mayor número de oyentes (*prime-time*) o, por el contrario, aquellas franjas en las que el número de receptores es más bajo. A estas franjas se las conoce con el nombre de *horas valle*, precisamente por el hecho de que la audiencia, en comparación con la conseguida en horas anteriores y posteriores, desciende de manera considerable. En realidad, las franjas horarias (mañana, sobremesa, tarde, noche, madrugada, etc.), guardan una estrecha relación con los hábitos de los radioyentes y coinciden con tiempos en los que el consumo de radio aumenta o decrece sensiblemente. Esto explica, por ejemplo, que las grandes empresas radiofónicas apuesten por los presentadores-estrella en los tramos de máxima audiencia o que, en cambio, destinen para el mediodía y las primeras horas de la tarde espacios de corta duración, a menudo de carácter autonómico y local (López Ruiz, 2006: 362).

El mediodía y la sobremesa son períodos en los que se produce un cambio de ritmo notable: fin de la jornada laboral para algunos ciudadanos, almuerzo, descanso escolar, etc., que propicia el contacto familiar y desvía la atención de los receptores hacia la televisión, un medio que a esas horas opta por la información y la ficción (telenovelas y teleseries). Por otra parte, entre las 20:30 horas y las 22:30 horas, coincidiendo con el *prime-time* televisivo, la radio, que durante la tarde se había recuperado de la caída sufrida con anterioridad, vuelve a perder gran número de oyentes y alcanza los niveles más bajos de todo el día.

Los estudios de audiencia ponen de manifiesto que en la radio española los programas más seguidos son los magazines matinales que se emiten entre las 10:00 horas y las 12:00 horas y que están presentados por las llamadas *estrellas de la radio* (Caride y López, 2002 y Naval y Sádaba, 2005).

Los géneros de la radio

Se pueden dividir en:

Informativos	Deportivos	Musicales	Entretenimiento	Otros
Boletín	Informativo	Radiofórmula musical	Magazine (cocina, salud, mundo del corazón, etc.)	Debates
Diario hablado	Carrusel	Magazine	Humor	Tertulias
Reportaje	Transmisión y retransmisión	Musical especializado	Concursos, (actualmente en franco retroceso)	Participación del radioyente a través del teléfono
Entrevista	Magazine			
Radiofórmula informativa				
Magazine				

LA TELEVISIÓN

Es habitual escuchar críticas sobre este medio, tan presente en nuestras vidas, que, se puede decir que si una persona llega a los 70 años de vida, ocho de ellos los habrá empleado en ver la televisión.

Este medio tiene una gran influencia en el tiempo de ocio de la mayoría de la gente, llegando incluso a crear una fuerte dependencia, con los mismos efectos adictivos que las drogas. La BBC prometió pagar una buena cantidad de dinero a 184 familias británicas que estuvieran dispuestas a prescindir de ver la televisión, y ninguna pudo resistir más de seis meses.

Este medio, como cualquier otro, debe emplearse con moderación, dosificando el consumo en cantidad y calidad, para no caer en sus efectos indeseados: falta de autonomía a la hora de pensar, aislamiento social y familiar, abandono del cumplimiento de las obligaciones, restricción del tiempo de ocio para desarrollar actividades más creativas y menos sedentarias, etc.

Uno de los peligros que entraña el uso indiscriminado de la televisión es que el individuo deje de pensar por sí mismo, y no active sus defensas para criticar lo que se le presenta como la realidad. La televisión presenta una parte de la misma, con la visión no parcial de quienes la hacen.

Lo mismo puede decirse de la televisión como agente de consumo. Un gran segmento de la programación consiste en publicidad más o menos explícita, que hace surgir en el espectador la necesidad de adquirir un bien o un servicio que muchas veces no necesita.

La televisión es el medio de las emociones: en él prima lo intuitivo, la respuesta inmediata e instantánea, la satisfacción rápida de las necesidades –de información, de diversión, de compañía...– que proporciona una visión fragmentada de la realidad, formando una "cultura de mosaico", como señala Abraham Moles (1973). Por primar las emociones, es un medio que no propicia, como la lectura, la reflexión y la meditación serena sobre los temas. Piénsese que en ella se busca, sobre todo, lo impactante, lo espectacular, incluso en los informativos, proporcionando las noticias en forma de breves imágenes muchas veces desconectadas entre sí (Ferrés, 1994: 31-36 y García Matilla, 2003).

Sin embargo, la televisión es un buen medio de ocupar el tiempo de ocio si se emplea debidamente. Para esto, conviene:

- Seleccionar los programas que se van a ver. No sentarse delante de la televisión "a ver qué hay".
- Determinar la cantidad de tiempo libre que se va a emplear para verla, contando con que existen actividades más interesantes y amenas que ésta.
- Compaginar este medio de entretenimiento con otras actividades que nos proporcionen satisfacción en los ratos de ocio: deportes, aficiones, relaciones sociales y familiares, lectura, turismo, etc.
- Conocer el lenguaje televisivo, el funcionamiento básico del medio para poder aprovecharlo adecuadamente.
- Mostrar una actitud crítica frente a lo que se presenta en los programas, analizando los mensajes que se envían acerca de todos los temas. ¿Estamos de acuerdo en lo que se dice, en la forma de presentarlo, en los argumentos que se esgrimen? ¿Existen otros puntos de vista sobre el mismo tema? ¿Qué dicen otras cadenas? ¿Y la prensa y la radio? Comparar y establecer juicios personales.
- Confrontar nuestros valores con los que se presentan en el medio. ¿Es coherente con lo que consideramos bueno, defendible, justo, recto? ¿Por qué?
- Ser conscientes de la influencia de la publicidad, que nos asegura que al conseguir tal bien o producto nos dará: felicidad, éxito, competencia, libertad, seguridad, aventura, triunfo sexual, apariencia, belleza, poder, juventud..., basándose en promesas. "El alma de un anuncio es una promesa, una gran promesa".

(Samuel Johnson).[9] Saber que, a menos educación, más ocio incontrolado de tiempo de televisión.

Sin embargo, a pesar de los peligros que puede entrañar, la televisión tiene aspectos positivos, como ser un acompañante para muchas personas que están solas, facilitar entretenimiento y diversión, sensibilizar ante ciertos problemas, que, de no ser por ella, no se conocerían, abrir al conocimiento de otras culturas y pueblos...

En definitiva, lo importante no es sólo su esencia, sino lo que la televisión aporta, para bien o para mal, a la vida de muchas personas, por el uso que hacen de la misma.

Los géneros televisivos

Los géneros televisivos pueden dividirse en: informativos, de ficción y entretenimiento y deportivos. En no pocas ocasiones, es difícil separarlos de un modo neto y preciso, pues se mezclan entre ellos.

Los programas informativos se pueden clasificar en:
- Flash de noticias.
- Telediarios.
- Ediciones especiales.
- Opiniones y debates.
- Pronóstico meteorológico.
- Canales de 24 horas de noticias.
- Programas culturales: documentales, de divulgación, concursos de carácter cultural, canales temáticos.

Los programas de ficción y entretenimiento pueden ser:
- Miniseries, series (comedias, telenovelas, dramas), tv-movies (películas para la televisión).
- Cine.
- Programas en los que prime alguno de estos elementos: humor, sentimientos, sorpresa, emoción.
- Concursos: de habilidades, conocimientos, pruebas.

---

[9] Citado por FERRÉS, J. *Televisión y educación.* Barcelona. Paidós, 1994, p. 153.

➢ Reality-shows: que pueden dividirse en r-magazines, en los que se cuentan temas escabrosos o extravagantes, polémicas; r-magazines: de personajes famosillos; r-concurso: competición de pruebas variadas entre personas. [10]

Los programas deportivos pueden ser tanto la transmisión de una competición deportiva como la presentación de unas Olimpiadas, una tertulia para hablar sobre resultados de partidos de fútbol, entrevistas a deportistas, etc.

La programación televisiva

Ver la televisión no está determinado por los programas propiamente dichos, a diferencia de lo que habitualmente se cree, sino por las reglas de la vida social. De esta manera, por ejemplo, se consume más la televisión en invierno que en verano, cuando los días son más largos y la gente pasa más tiempo en la calle, o en las noches de los días laborables que las del sábado. De hecho, suele considerarse que el peor enemigo para un programador es la climatología: cuanto mejor es la meteorología, menos se consume televisión. Un jornada de invierno se alcanzan de media los 250 minutos día por individuo, mientras que uno del mes de agosto apenas se llega a los 150 minutos.

Se pueden distinguir tres grandes estaciones de consumo televisivo:
- Temporada alta: desarrollada entre noviembre y febrero, en la que el consumo medio está sobre los 240 minutos por espectador y día. En estos meses se agruparán las ofertas más atractivas de programación como los largometrajes más populares o las series más ambiciosas. Asimismo, es el momento en que la inversión publicitaria es más elevada.

---

[10] Sobre esta temática recomendamos la película *El Show de Truman,* de Peter Weir, (USA, 1998).

- Temporada media: que va desde marzo a junio y luego de septiembre y octubre. El consumo medio en estos meses está en torno a los 200 minutos por español y día.
- Temporada baja: que abarca los meses estivales de julio y agosto con vacaciones escolares y mucha gente de vacaciones. Desde la oferta programativa este tiempo se utiliza para las reposiciones y para programas exclusivamente veraniegos como galas y concursos.

En lo que se refiere a las bandas diarias, los programadores parten de que los ciudadanos poseen rutinas semanales y diarias: entre otras costumbres, se levantan a la misma hora de lunes a viernes o dedican el similar tiempo a trabajar o estudiar. Por eso suele dividirse la programación semanal en dos grandes bloques: lo que se oferta de lunes a viernes y lo que se pone el sábado y domingo, a pesar de lo cual hay que indicar que la noche del viernes constituye un periodo de transición entre esos bloques.

1. Con respecto a las horas del día, la empresa Sofres divide la jornada en cinco apartados: 2:30 a 14:00; de 14:00 a 17:00; de 17:00 a 20:30; de 20:30 a 24:00 y de 24:00 a 26:30 (o sea a las 2.30 del día siguiente). Pero para el funcionamiento de la industria, algunas de esas divisiones poseen demasiada heterogeneidad social y programativa, por ello algunas empresas del sector, como GECA han establecido otra clasificación que, teniendo en cuenta que en cada banda se impone la misma lógica de programación, resulta más operativa. Así podemos distinguir:
2. Banda despertador desde las 7:30 a las 9:00 –con predominio de programas informativos e infantiles–.
3. Banda matinal entre las 9:00 y hasta 13:00 informativos –magazines de mujeres–.
4. Banda de acceso al mediodía desde las 13:00 hasta las 15:00.
5. Mediodía o segundo prime time desde las 15:00 hasta las 16:00 –informativos–.

6. Sobremesa desde 16:00 hasta las 18:00 –mujeres–.
7. Tarde desde las 18:00 hasta las 20:00 –magazines de mujeres o jóvenes–.
8. Acceso a *prime time* desde las 20:00 hasta las 21:00.
9. *Prime time* desde las 21:00 hasta las 24:00.
10. *Latenight* desde las 00:00 hasta las 2:30 en que se da por cerrada la recogida de datos de Sofres –programas transgresores o de adultos–.

El consumo de televisión

Por las estimaciones de audiencia conocemos muchos datos como el rating-audiencia o la cuota-share de una emisora o de un programa o que el consumo televisivo no se produce por igual en los distintos sectores sociodemográficos. Y con informaciones de este tipo se pueden reconstruir los perfiles de los públicos televisivos en España.

Sobre la base del consumo medio de 208 minutos diarios por español y día encontramos que el consumo de televisión aumenta con la edad: las personas mayores, entre 45 a 64 años, ven 241 minutos y los que tienen más de 65 años llegan a ver hasta 300 minutos diarios. Sin embargo los niños de 4 a 12 años, los jóvenes de 13 a 24 y los adultos de 25 a 44 años ven mucha menos televisión: respectivamente, 143, 150 y 188 minutos diarios por individuo.

Se puede completar el dibujo del perfil de los televidentes españoles indicando que las clases bajas y medias bajas ven 234 minutos, las medias 205 y las altas únicamente 172 minutos diarios. Y desde los sexos: los hombres 198 minutos y las mujeres 234 minutos.

EL CINE

Nacimiento del cine

Antes de dar a conocer el cinematógrafo, en diversos países de Estados Unidos y Europa varios inventores están trabajando en varios sistemas que tenían un objetivo común: el visionado y proyección de imágenes en movimiento. Entre 1890 y 1895, son numerosas las patentes que se registran con el fin de ofrecer al público las primeras "tomas de vistas" animadas. Entre los pioneros se encuentran los alemanes Max y Emil Skladanowski, los estadounidenses Charles F. Jenkins, Thomas Armat y Thomas Alva Edison, y los franceses hermanos Lumière.

En la mayoría de los aparatos el visionado de las imágenes sólo se podía hacer de manera individual; el más conocido en esta línea fue el kinetoscopio de Edison. Por eso, aunque ya desde 1893 se dispone de unas primeras películas, la existencia del cinematógrafo como tal no comienza a correr de boca en boca hasta la primera proyección pública que organizan los hermanos Auguste y Antoine Lumière el día 28 de diciembre de 1895 en París, en el Boulevard de los Capuchinos.

Tras la presentación del cinematógrafo en París, en otras muchas ciudades europeas y americanas comienza a "presentarse" el nuevo invento. En España la primera proyección la ofrece un enviado de los Lumière en Madrid, el 15 de mayo de 1896. A partir de este año, se sucederán sin interrupción las proyecciones y, con ellas, la demanda de más títulos, con lo que se inicia la producción a gran escala de películas que, poco a poco, van aumentando de duración al igual que mejora la historia que narran.

El cine, un entretenimiento

El cine es un medio de entretenimiento, en la misma línea que la televisión, con los matices propios que cada uno requiere al tratarse de obra única o de programa que tiene una emisión diaria. El cine se fue definiendo como espectáculo de masas desde las primeras proyecciones de los hermanos Lumière. El público se sorprendió con el tren que parecía quería salirse de la pantalla. La reacción del grupo de personas fue de tal envergadura que pasado el tiempo el espectador de cine fue viviendo en cada época situaciones más o menos similares que hablaban de la grandiosidad de una puesta en escena o de la magnífica interpretación de unos actores que dejaron un sello de indiscutible calidad (Gubern, 1995; Hueso, 1998; Martínez-Salanova, 2002; Pereira, 2005 y Equipo Reseña, 2006).

El cine como medio permite crear espacios de ficción en los que el espectador se ve inmerso y logra disfrutar con lo que acontece delante de sus ojos, en una pantalla de grandes dimensiones y con un soporte sonoro que le hace vibrar con todo lo que pasa en la sala. Es así, como espectáculo de masas como alcanza las dimensiones apropiadas: cuando las salas se convirtieron en grandes coliseos, cuando del cine mudo se pasa al sonoro, cuando la pantalla convencional evoluciona a sistemas de proyección como el cinerama, cinemascope o IMAX, de color como el technicolor, y de sonido como el dolby, el THX o el SDDS, entre otros muchos; o cuando la tecnología informática se aplica generando nuevas realidades que parecen predecir el futuro. Ese es el espectáculo que puede ofrecer el cine y hacia muchas de estas películas va el espectador en busca de entretenimiento.

El cine es un arte del que disfrutar

Es el teórico italiano, Riccioto Canudo, una persona que se mueve en el mundo del periodismo y la literatura, el que reconoce en unos de sus textos de 1911 que el cine debe ser considerado como "Séptimo arte". Este rasgo amplía notablemente la perspectiva de acercamiento a las películas que se producen en todo el mundo. Ya no se trata sólo de productos para un consumo masivo, sino que el espectador debe asumir que además de pasar un rato agradable y de mero entretenimiento en la sala de cine, también se va a encontrar con otras obras que merecen una contemplación más apasionada que, por su interés y calidad artística, va a derivar, inevitablemente, en una reflexión sobre lo contemplado (Buitrago, 2003).

No se puede decir que la consideración de "Séptimo arte" suponga un aval para todo lo que se exhibe en las pantallas del mundo. Las cualidades artísticas de una obra van emergiendo en cuanto los directores apuestan por trabajos más cuidados desde el punto de vista de la iluminación, la interpretación, el montaje, la dirección o la puesta en escena en general. En su revalorización intervienen todos los apasionados que se reúnen en torno a asociaciones que buscan desde su fundación disfrutar del valor artístico de la película (Dios, 2001; Jarne, 2005; De la Torre y otros, 2005).

Son numerosas las películas que entran en la denominación de "obra artística". A lo largo de la Historia han sido variadas las listas con las consideradas "mejores películas". Cabe decir que entre otros mucho títulos se encuentran obras como *El acorazado Potemkin,* de Sergei Eisenstein (Rusia, 1925); *Ciudadano Kane*, de Orson Welles (USA, 1941); *Centauros del desierto*, de John Ford (USA, 1956); *2001: Una odisea del espacio,* de Stanley Kubrick (USA, 1968); *El padrino,* de Francis Ford Coppola (USA, 1974) y *Fanny y Alexander*, de Ingmar Bergman (Suecia, 1982); *El nombre de la rosa,* de Jean Jacques Annaud (Francia, Italia, Alemania, 1986) o *El pianista*, de Roman Polanski (Francia, Alemania, Reino Unido, 2002).

Es evidente que, salvo casos excepcionales, las películas más artísticas se encuentran en épocas en las que el espectador acudió a la sala buscando la emoción e intensidad que proporciona el relato bien elaborado, algo que ofrecía la industria con más continuidad frente a lo que proporcionó a partir de mediados de los años setenta del siglo XX.

El arte cinematográfico es palpable en la obra de numerosos directores que con los años alimentaron el interés de muchos espectadores que, a su vez, mostraron su fidelidad por el trabajo bien hecho. No obstante, cabe también decir que el espectador ha mostrado con los años su inclinación mayoritaria por las historias desapasionadas, por el puro entretenimiento. Quizá la recepción cinematográfica se ha visto marcada en el tiempo por los argumentos culturales que consolidaron las diversas generaciones, siendo éstas definitorias a la hora de señalar pautas de comportamiento en la industria del cine mundial.

Los géneros cinematográficos

Un género, tanto en la literatura como en los diversos medios audiovisuales, es una forma organizativa que caracteriza los temas e ingredientes narrativos elegidos por el autor. Cuando hablamos de géneros en el medio cinematográfico, nos estamos refiriendo a categorías temáticas estables, sometidas a una codificación que respetan los responsables de la película y que es conocida por sus espectadores. No obstante, ésta no es una clasificación invariable, y queda sometida a los vaivenes de la moda y distintas tendencias político-sociales. Por ejemplo, el género que llamamos *melodrama romántico* ofrece muy distintas posibilidades si lo analizamos en los años 1930 o en los años 1980, pues el romanticismo y las relaciones de pareja han variado substancialmente en el trecho histórico que separa ambos periodos.

Al tratarse de una convención inteligible para los espectadores, los creadores cinematográficos asumen los géneros como un modelo para ordenar los contenidos del relato. Con todo, se asume una definición reduccionista, cuyo fin es catalogar los temas y la ambientación que prevalecen en una película. Pero la realidad es contradictoria y se aleja de esa simplificación, pues resulta muy infrecuente que un guión cinematográfico muestre una sola aspiración temática.

No obstante, el recurso de los géneros es fundamental para la distribución y promoción comercial de las películas. Dado que se trata de fórmulas narrativas de eficacia comercial, la mercadotecnia que organiza el negocio del cine sigue insistiendo en los géneros para atraer al público. Cuando una película se presenta como melodrama, como filme de aventuras, como cine de terror o de animación, sus promotores saben perfectamente a qué segmento de espectadores va dirigida y qué expectativas de rendimiento comercial la acompañan. Como herramienta para clasificar la producción cinematográfica, los géneros se fundamentan en un tema, en una escenografía típica o en una tendencia de producción que distingue a cierta compañía. De acuerdo con este consenso, el espectador que se acerca al cine asume los rasgos originales de cada género, bien sea documental, cine de animación, experimental, melodrama, cine histórico, negro, cómico, terrorífico, de ciencia-ficción, fantástico, musical, de aventuras, bélico, western o erótico (Hueso, 1983). En suma, dicho espectador emplea el género como un distintivo para elegir la programación audiovisual que le resulta más atractiva.

PROPUESTAS PEDAGÓGICAS

Los medios audiovisuales contribuyen a enriquecer el tiempo libre si se emplean debidamente, sabiendo que no son la única alternativa, especialmente la televisión, para proporcionar diversión en los momentos de descanso.[11]

1. Abrir un diálogo entre toda la clase comentando qué aportan los medios audiovisuales al tiempo libre. Al acabarlo, poned los puntos más importantes por escrito.

2. Análisis de **la televisión**: distribuidos en equipos, hacer los siguientes estudios:
- Ver qué valores y contravalores priman en cada cadena, qué es lo que más se promueve: el consumo, la cultura, la solidaridad, la información, el apoyo a

---

[11] Antes de trabajar este tema, puedes entrar en las siguientes direcciones, comprobarás que hay material tomado de: www.iris.cnice.medc.es/media;www.victorian. fortunecity.com/muses/116/cinematografo.html y www.uhu.es/cine.educacion (Páginas consultadas el 16 de agosto de 2006).

determinado partido político, la diversión, el cotilleo, la objetividad...
- Elaborar una programación televisiva según unos criterios establecidos y coherentes. ¿Qué programas debería haber en todas las televisiones? ¿Por qué?
- Tiempos dedicados a la publicidad en las cadenas. Horarios y tipos de publicidad según la franja horaria, interrupciones publicitarias a lo largo de un programa, efectos de la misma, como el zapping...
- Realizar una encuesta entre las personas del entorno, investigando acerca de los gustos sobre los programas preferidos en función de la edad, el sexo, la ocupación, la formación académica, etc. ¿Qué programas tienen más aceptación y por qué? ¿Hay alguno que simpatice con casi toda la gente?
- Tiempo dedicado al consumo televisivo frente a otras actividades de tiempo libre: deportes, charlar, leer, pasear, ir a la discoteca, oír música, jugar, hacer bricolage, coleccionismo, actividades con la familia, etc.
¿Esta dedicación es la misma a lo largo de todo el año?

3. **El cine** y el tiempo libre. Por medio de Internet entramos en la página web recomendada por el profesor o profesora para realizar alguna de las actividades propuestas.

4. Leer el artículo de Lázaro Carreter sobre la influencia del cine en el lenguaje y comentarlo siguiendo las indicaciones del profesor o profesora.[12]

---

[12] Ver: www.aulacreativa.org/cineducación/guiónsugerencias (Página consultada el 13 de junio de 2006).

El cine no sólo influye en el lenguaje, sino también en otros aspectos aparentemente minúsculos: besos de película, cómo fuman los actores, qué comen los personajes de las películas americanas, cómo son las casas que aparecen en el cine...

Hacer entre todos una relación de cosas en las que las películas nos influyen consciente o inconscientemente.

El cine

Confieso mi adicción sincera a los seriales de polis y gángsters americanos, con sus sobrios capitanes, normalmente tan negros como los/las jueces, sus agraciadas ayudantes del fiscal del distrito, y aquellos agentes, abnegados guardianes de la ley, deseosos del retiro para irse a pescar. Pero sin negar ningún mérito a la intriga, ni muchísimo menos, lo que me seduce de tales películas es el doblaje. Puesto que el ambiente no es cartujo, en ellos se habla mucho de dinero, de la pasta quiero decir, cuya unidad cómputo es el pavo. Me parece recordar –agradecería ayuda, porque tengo ya contaminada la parla– que, en mi juventud, la jerga marginal llamaba pavo al duro; no hay otra palabra para designar el dólar en esos entretenimientos. El meollo de tales filmecillos –y sus parientes mayores– suelen consistir en muertos, carreras pedestres o montadas por autopistas, callejones y tejados, a propósito de la mercancía (= droga), y que si pavos arriba, que si pavos abajo. Aún no picotean, sin embargo, la escritura: los veo sólo por alguna comedia o novela española de veinte años acá, con yankis y dólares para colorear el estilo de barras y estrellas. El pavo viene a ser como la pela hispana, aunque mayor: equivale más bien a una peluca; pero, en punto a vulgaridad, así se andan.

La televisión, por rebufo del cine, ha creado ese lenguaje que vamos aprendiendo entre tanda y tanda de anuncios y partidos. Y más, ahora que han pasado las elec-

ciones. Aparte la mercancía y los pavos, entra en el núcleo duro de ese dialecto llamar grande al billete de mil dólares; pero no de cualquier manera: ha de ser diciendo "tantos o cuantos de los grandes". Y ello, a pesar de que, me parece, el papel moneda norteamericano es todo de igual tamaño. Sólo por un acomplejado concepto de nuestras pelas no llamamos grandes a las modestas pero adorables estampitas azules.

También la "police" tiene sus modismos que nuestras series imitan muy bien. Por ejemplo, llamar señor al que manda, aunque sea de grado mínimo: "¿Da su permiso, señor?", dice el agente pidiéndoselo a un sargento. Y no digamos si es a un comisario. Pero tengo la impresión de que no cuaja por aquí este préstamo de las Fuerzas Armadas y Cuerpos de Seguridad de los Estados Unidos de América: de adoptarlo, seríamos más apreciados en el marco de la OTAN. También sería imitable –y ya se imita en la tele indígena– el alusivo modo que tienen los custodios del orden para referirse a sus superiores, a ese incorpóreo espectro que ordena traslados, regresos al uniforme, ceses y demás: lo hacen llamándolos, sin ánimo de coña, los de arriba, y aceptando topográficamente su situación subordinada. Pero sería más conforme con el genio de nuestra lengua, que, al doblar al castellano tal referencia, se precisara más diciendo algo así como "los cabrones de arriba".

Otra bellísima costumbre de quienes luchan contra el crimen en aquel país –y, en esto, nada se diferencian de otros grupos sociales, incluidos los criminales–, es la de solemnizar cualquier evento feliz reuniéndose de esmoquin y esposas de traje largo en actos sociales ad hoc. Intercambian sonrisas y saludos, y como tal vez han compartido en el pasado cosas sumamente memorables, un "picnic" por ejemplo, lo evocan llamando los buenos tiempos a aquel entonces. Es expresión dialectal del mundo de la imagen: estoy seguro de que ningún compañero de mili en

Canfrac, años cuarenta, chusco y hielo, me ha dicho nunca: "¿Recuerdas cómo lo pasábamos de mal en los buenos tiempos?".

Pues bien, satisfechos los recuerdos, llega inevitable el momento del discurso: alguien tiene que decir dos palabras al común. Y ¿cómo empieza?; ¿con qué vocativo requiere la atención de sus oyentes? Invariablemente, llamándolos: Damas y caballeros. Hago memoria y tampoco me acuerdo de haber oído, fuera de las pantallas, otra cosa que señores y señoras (que muchos, fieles al orden ortográfico, truecan en señoras y señores). Percibo, sin embargo, un no sé qué de mayor distinción o, por decirlo sencillamente, una "touche" de elegancia, en lo de damas y caballeros que falta a nuestra salutación ritual; se diría que aún no se ha inventado el cine, según es nuestra rudeza. Sin embargo, hay signos de civilidad en la Legión, donde, a las valerosas mujeres ahora enroladas se las llama damas legionarias, haciendo juego con los caballeros del Tercio.

Viendo cine –sólo veo el comprimido en casa–, me cercioro de cuán educativo es y de cuánta urbanidad puede enseñarnos. Ya hace años apologicé lo estimulante que ha de resultar para un abaleado a punto de espicharla que alguien se acerque a él susurrándole: "¿Te encuentras bien?" (mejor: "¿Te encuentras bien, cariño?"), frente a nuestro seco y depresivo "¿Te encuentras mal?", "¿Te duele mucho?", y cosas igual de imprudentes. Pues aún hay algo mejor, alejado de nuestro laconismo, que puede oírse hasta en las comisarías policiales (no digamos en los grandes almacenes y oficinas públicas) cuando uno se aproxima con intención pacífica. Compárese el austero "¿Qué desea?" de dependientes, oficinistas, ordenanzas y demás gente hispana, con el gentil "¿Puedo hacer algo por usted?" de filmes y filmetes. ¿No contribuye esta diferencia a situarnos en un escalón zoológico más bajo? Sin duda, algo tienen contra nosotros los laboratorios de doblaje.

En la misma línea de primor entra lo de llamar villanos a los malos y, con elogiable sobriedad, bastardos a quienes aquí aludimos desplegando el concepto en tres palabras. Porque, en efecto, es muy grande la aportación que al idioma puede hacerse desde el arte cinematográfico. Deteniendo un momento el zapeo, veo, por ejemplo, un trozo de un serial nuestro donde un periodista dice que tiene que escribir un artículo sobre un suceso. Así llaman a sus escritos informativos los periodistas norteamericanos cuando se les traduce a mocosuena; en una redacción española nunca llamarán artículo a una noticia: de igual modo que un recluta, menos un teniente, jamás se dirigirá a su comandante tratándolo de señor.

Pero no todos estos adelantos proceden de imitadores y dobladores: la periferia también contribuye a mejorarnos. Mi amigo y paisano, el gran director José Luis Borau, con garantía sólo carente de fe notarial, me cuenta cómo una reportera de televisión explicó que ella misma había locutado un documental sobre la reina de Inglaterra. ¿Pudo ofrecer una radiografía más castellana y cautivadora de su mente?

5. En muchas películas se refleja la vida de héroes, ganadores, personajes importantes, y se relega a las personas que tienen algún defecto, cuando, en realidad, a todos nos falta algo. Vamos a pensar por un momento en tanta gente que afronta la vida con una discapacidad y sabe salir adelante (Varios Autores, 2001; Alegre, 2003 y De la Torre y otros, 2005).

Propuesta de trabajo: ver y comentar alguna de estas películas y sacar las consecuencias oportunas tras hablar de ellas en clase. Los títulos que se proponen son:
- ✓ *El color del paraíso*, de Majid Majidi (Irán, 1999).
- ✓ *El hombre elefante*, de David Linch (USA, 1980).
- ✓ *El inolvidable Simon Birch*, de Mark E. Jonson (USA, 1998).

- ✓ *El mundo de Marty*, de Denis Bardiau (Francia, 2000).
- ✓ *El pequeño Tate,* de Jodie Foster (USA,1991).
- ✓ *Forrest Gump*, de Robert Zemeckis (USA, 1994).
- ✓ *Hijos de un dios menor*, de Randa Haynes (USA, 1986).
- ✓ *La bella y la bestia*, de Walt Disney (USA, 1991).
- ✓ *Matar a un ruiseñor*, de Robert Mulligan (USA, 1962).
- ✓ *Me llaman radio,* de Mike Tollin (USA, 2003).
- ✓ *Mi pie izquierdo*, de Jim Sheridan (Reino Unido-Irlanda, 1989).
- ✓ *Rain man*, de Barry Levinson (USA, 1988).
- ✓ *Ray,* de Taylor Hackford (USA, 2004).
- ✓ *Una mente maravillosa*, de Rod Howard (USA, 2001).
- ✓ *Yo soy Sam*, de Yessie Nelson (USA, 2001).
- ✓ Otras películas que aborden el tema.......

6. ¿Te gustaría rodar un corto? Si te animas a hacerlo, tienes unas indicaciones interesantes en la siguiente página web,[13] en el apartado *"Prepárate un rodaje"*.

La radio
7.¿Sueles escuchar la radio? ....
¿En qué momentos? ....
¿Qué emisoras? ....
....
....
¿Cuáles son tus programas favoritos y por qué? .....
....
....
....

---

[13] www.iris.cnice.mecd.es/media/cine. (Página web consultada el 18 de agosto de 2006).

....
....
.... ¿Qué ventajas tiene la radio frente a otros medios audiovisuales? ....
....
....

8. Actividades para toda la clase:
- Visitar una radio local para conocerla por dentro.
- Preparar un programa de radio en formato magazine, grabarlo en clase y escucharlo haciendo un análisis crítico del mismo.
- Elaborar un noticiario para un programa de radio titulado "Un mundo feliz", en el que se dé una visión positiva de las cosas y se vean las buenas acciones de las personas.
- Preparar un tema sobre la ocupación del tiempo libre entre los jóvenes y llevarlo a una cadena de radio para contribuir con él, exponiéndolo en una entrevista, un reportaje, etc.
- Hacer cuñas publicitarias para una radio sobre diversos temas: salud, consumo responsable, medioambiente, un mundo en igualdad para todas las personas... No olvidarse de los elementos que hay que emplear, como los efectos especiales, la música, un buen eslogan, el humor...

10. El ocio e Internet

INTRODUCCIÓN

Internet se ha convertido en uno de los pasatiempos favoritos en los ratos libres de muchas personas, especialmente de las más jóvenes.

Es indudable que Internet ofrece muchas ventajas frente a otros modos de comunicarse, recibir información, divertirse, jugar, relacionarse, estudiar, comprar o vender, y otras muy variadas actividades que se pueden realizar a través de la red.

Frente a los aspectos positivos, también existen ciertas desventajas, peligros y facetas negativas, especialmente, para la gente más joven o poco formada (Touriñán, 2005).

La pornografía, los contenidos inadecuados, los contactos con personas inconvenientes que se amparan en el anonimato, etc., son algunos de los peligros que pueden surgir si no se emplea cuidadosamente Internet.

También el número de horas y la forma de emplearlas frente al ordenador deben ser tenidas en cuenta: hay personas que pasan mucho tiempo conectadas a Internet por su trabajo, para buscar determinada información para realizar un estudio, etc. pero también las hay que apenas se relacionan de verdad con personas reales, de carne y hueso, con su familia o amigos, vecinos... y dedican la mayor parte de su tiempo a conectarse en la red, abandonan sus relaciones familiares, no hacen deporte, no se apartan apenas de la pantalla de su ordenador, llegando, incluso, a tener una adicción que debe ser tratada psiquiátricamente.

Sin llegar a casos extremos, sí hay que tener en cuenta que el uso de Internet es un medio y no un fin, y que bien empleado, conlleva muchas ventajas que se pueden y deben aprovechar.

VENTAJAS E INCONVENIENTES DE INTERNET

Al igual que sucede con todas las cosas, Internet presenta unos aspectos positivos y otros negativos. Conviene conocer ambos para potenciar y valorar los primeros y estar prevenidos contra el segundo grupo. En la siguiente relación se exponen brevemente ambos aspectos, sin ser, desde luego, una lista cerrada.

A) Ventajas, cabe destacar, entre otras:
- ✓ Es un buen medio para contactar con otras personas, con un bajo coste económico y de forma rápida: las videoconferencias, chats, cámaras web, foros, correos electrónicos, blogs, etc. facilitan esta posibilidad.
- ✓ Mantiene la mente más activa que en otros soportes como la televisión o la radio, en las que apenas se tiene control sobre el medio y los contenidos se reciben pasivamente. En Internet se pueden elegir los contenidos a los que acceder.
- ✓ Es un medio que facilita la interactividad y la inmediatez.
- ✓ Se puede acceder a bibliotecas, bases de datos, archivos, documentos, etc. de todo el mundo sin moverse de casa o del trabajo.
- ✓ Se accede a los medios de comunicación a través de la red: escuchar la radio, leer el periódico, conocer la programación televisiva, la cartelera de cine, etc.
- ✓ A través de Internet se puede escuchar y grabar música, así como ver películas de cine, videos, ac-

ceder a contenidos de humor, pasatiempos de todo tipo...
- ✓ Muchas personas disfrutan de juegos en la red: por ejemplo, se puede jugar al ajedrez con alguien que está en la otra parte del planeta, que otros comenten las jugadas, las modifiquen, etc.
- ✓ La publicidad en Internet es más eficaz en algunos aspectos pues está más segmentada que en otros medios.
- ✓ Facilidad para comprar abaratando precios y de forma casi inmediata.
- ✓ ...

B) Inconvenientes:
- ✓ Favorece la dispersión del conocimiento. Al poder acceder a tanta información y tan variada, el internauta puede dispersarse y no centrarse en la información interesante que busca.
- ✓ En Internet hay mucha información falsa, poco profunda u obsoleta, sin que nadie ponga freno a ello.
- ✓ Se puede acceder a contenidos ofensivos, inadecuados o claramente relacionados con ciertos delitos.
- ✓ Banalización y superficialidad: el poder acceder a mucha información con suma facilidad y sin criterios hace que no se profundice excesivamente y que el saber se haga más frívolo y superficial.
- ✓ Para algunas personas, Internet puede crear adicción en diversos grados.
- ✓ Dispersión de intereses: los internautas ven su atención diseminada por una gran variedad de contenidos que ofrecen todo tipo de páginas.
- ✓ Chatmanía.
- ✓ Disfunciones físicas: el estar mucho tiempo ante el ordenador provoca cansancio visual y mental, dolor de espalda y de cabeza.

- ✓ Se pueden entorpecer las relaciones sociales y familiares.
- ✓ Muchas personas conocen a otras de todo el mundo y contactan con ellas pero no tienen la inmediatez del contacto real, más satisfactorio afectivamente que el establecido en la red.
- ✓ Fomenta el sedentarismo, el anonimato, la ley del mínimo esfuerzo... (dicho con las debidas precauciones).
- ✓ ...

Tanto la lista de las ventajas como la de los inconvenientes podría ser ampliada, y sólo se ha realizado como una ejemplificación de lo que la red puede o no aportar a las personas.

El empleo responsable de este medio es una tarea personal que cada uno debe gestionar (Gros, 2004).

LA SEGURIDAD EN INTERNET

Aparte de la seguridad tecnológica, como puede ser el prevenir los virus, el acceso seguro, el que no se conozcan las claves para entrar en lugares privados de cada usuario, etc., existen unas medidas de seguridad "moral" o psicológica para navegar seguros por Internet. Aunque se supone que las personas mayores saben cuidarse por sí mismas, los consejos que se dan para los niños y jóvenes se pueden aplicar, mutatis mutandis, a las personas de todas las edades.

La Asociación Española de Pediatría sugiere a los padres estos consejos para navegar seguro en Internet.[14]

Consejos para los padres o personas responsables:
1. Dejar que el chico "navegue" en Internet sólo si está en casa una persona adulta.
2. No poner el ordenador en la habitación del chico y, en cualquier caso, poner la pantalla de forma que esté visible a quien entra o está en la habitación.

---

[14] Tomado de la Asociación Española de Pediatría en www.aeped.es/comunicado/decálogo.htm (Página consultada el 23 de agosto de 2006).

3. Ser capaz de manejar el ordenador al menos al mismo nivel del chico, de forma que sea consciente de que tenemos capacidad de poder controlarlo.
4. Utilizar todos los sistemas de protección actualmente disponibles para evitar el acceso a sitios no recomendados para menores.
5. Hablar habitualmente con el chico respecto a la "navegación" en Internet, tratando de tener información sobre lo que ve y consulta, tratando de poner de manifiesto eventuales reticencias.
6. Enseñar al chico que cuando se conecta al "chat" no debe dar, ni pedir, direcciones, número de teléfono o cualquier información que pueda identificarlo. Ser claros, sin alarmar, sobre los riesgos que pueden derivarse de "chatear" con desconocidos.
7. Evitar que el chico esté en Internet (particularmente en "chat") durante la noche. Alertarlo de que debe avisar a sus padres siempre que algún "amigo del chat" insista respecto a informaciones o hábitos personales o de su familia.
8. Navegar y chatear algunas veces junto al chico, para inducirlo a una mayor confianza con los padres respecto a los contenidos de sus conversaciones en la red.
9. Tratar, en la medida de lo posible, de evitar que el chico tenga su propio e-mail del cual solo él conozca el "password" de acceso.
10. Construir junto al chico "reglas consensuadas" para navegar en Internet, sin imponérselas.

Consejos para los jóvenes internautas:
1. Recela de la persona que quiere saber demasiadas cosas. No des ninguna información respecto a ti o tu familia (por ejemplo: tu nombre, tu número de teléfono, tu dirección, la de tu colegio, etc.) sin hablar antes con tus padres.

2. Si recibes o ves alguna cosa desagradable o que te parece rara no trates de seguir "investigando" por tu cuenta, coméntalo con tus padres y/o profesores.
3. Si tienes interés o intención de encontrarte físicamente con alguna persona que has conocido a través de Internet, informa siempre antes a tus padres y aconseja a quien quiere conocerte que haga lo mismo. No vayas nunca solo a la cita. De esta forma puedes evitar algún encuentro desagradable.
4. No entres nunca en "sitios de pago" que te solicitan tu número de tarjeta de crédito o que pidan tu nombre y dirección.
5. Si encuentras un sitio donde está escrito "acceso prohibido a los menores", respeta esta indicación.

USO DE INTERNET ENTRE LOS JÓVENES

La Fundació Catalana per a la Recerca realizó una encuesta on-line entre 2187 chicos y chicas de toda España, de edades entre los 11 y los 17 años para conocer diversos aspectos de su relación con Internet, y estos son algunos de los resultados:

ESTUDIO ESTADÍSTICO HORAS SEMANALES DE CONEXIÓN A INTERNET

Las respuestas obtenidas en este estudio, muestran que la mayor parte de los jóvenes se conectan a Internet menos de 2 horas. Pero este resultado está ampliamente influenciado por el grupo de 11 años de edad o menos.
 Entre los 12 y los 17 años los chicos se conectan a Internet mayoritariamente entre 2 y 6 horas semanales.
Las horas de conexión a Internet aumentan con la edad:
• Entre 12 y 14 años la mayoría afirman que se conectan entre 2 y 6 horas semanales.

- Los chicos de 15, 16 y 17 años se conectan entre 7 y 10 horas semanales o más de 10 horas semanales.
- A los 18 años o más se conectan 10 horas semanales o más.

Esta distribución con respecto al género muestra la tendencia de las chicas a conectarse más que los chicos en la red.

VENTAJAS DE INTERNET

Se les pide que ordenen los ítems siguientes; resultando para ellos que Internet es una herramienta que les ofrece las siguientes ventajas: 1. Es importante para sus estudios; 2. Es un medio divertido para ellos; 3. Encuentran fácilmente la información que necesitan; 4. Pueden relacionarse con los demás.

LO MÁS DIVERTIDO QUE INTERNET OFRECE...

Consideran divertidas, de mayor a menor grado las siguientes actividades: 1. Bajar música (también películas, juegos...); 2. Visitar y buscar información a través de las páginas Web; 3. Juegos; 4. Messenger; 5. Chat; 6. Correo electrónico; 7. Forum; 8. Noticias. Lo que más les divierte es bajar música, películas, juegos...; buscar información a través de las páginas Web y los juegos.

¿QUÉ ES LO QUE PREFIERES DE INTERNET?

- La actividad que prefieren de entre las que les ofrece la red es bajar música (67%). Esta afirmación viene dada por el 69% de chicos y el 71% de total de chicas. También emplean la red como ayuda y referencia en sus actividades escolares (61%).
- Aunque buscar información acerca de los deportes es una de las actividades menos populares entre los jóvenes en la red, existe diferencia en este comportamiento entre los chicos y las chicas. Así, del total de chicos

que han contestado a esta pregunta, el 45% lo hacen de forma afirmativa, y buscan información sobre deportes en la red, mientras que sólo el 14% de las chicas que han contestado, eligen esta opción.
- También las chicas (40% del total) con respecto a los chicos (21% del total) destacan entre sus preferencias buscar información acerca de la vida y actividades de famosos.
- Los chicos (64%) invierten más tiempo que ellas (38%) en bajarse juegos mediante la red.

¿CUÁLES SON TUS JUEGOS PREFERIDOS EN LA RED?

- El tipo de juego preferido según la muestra son los juegos de estrategia. Le siguen a esta preferencia los juegos de rol.
- Los chicos prefieren los juegos de lucha, mientras que las chicas prefieren los juegos educativos.

¿ALGUNA VEZ ME HE SENTIDO INCÓMOD@ EN LA RED?

- La mayoría declaran no haberse sentido incómodos en la red (66%).
- Un 34% sí se ha sentido incómodo en alguna ocasión, bien a través del mail, o del chat, messenger; e incluso navegando por alguna página web.
- El 38% de chicas y el 28% de chicos admiten haberse sentido incómodos alguna vez en la red.
- Del total de adolescentes que afirmaron haberse sentido incómod@s alguna vez, el 65% eran chicas frente al 35% de chicos.

¿QUÉ HAGO CUANDO RECIBO UN MAIL QUE ME MOLESTA?

- El 72% de chic@s lo borran automáticamente.
- El 18% de chic@s lo contestan.

- Un 10% de los chic@s piden consejo a un adulto o alguien de confianza.

QUÉ HAGO CUANDO ME MOLESTA ALGO EN UN CHAT

- La mayoría, deja la conversación, representando el 65% del total de la muestra que ha participado en este estudio.
- En un 21%, continúa la conversación a pesar de que le resulte desagradable o molesta.
- El 14% pide consejo o lo comenta a un adulto o alguien de confianza.

¿QUÉ HAGO CUANDO VEO UNA WEB QUE ME RESULTA DESAGRADABLE?

- El 73% de los chic@s cambian de web.
- El 22% de los chic@s exploran la página web.
- El 5% lo comenta a un adulto o persona de confianza.

NAVEGO SEGURO...

- El 69% de los chic@s cree que no ha recibido suficiente información acerca de cómo navegar seguro por la red a través de sus profesores.
- El 48% se siente que navega seguro por la red por sus propios conocimientos sobre informática. El 87% de los chic@s navegan solos, no creen que estén más seguros si navegan acompañados. El 23% afirma que le gustaría tener más información sobre aspectos de seguridad en la red.
- La mayoría de los chic@s en un 76%, opinan que algunos contenidos que aparecen en la red deberían quedar bloqueados, sobre todo para los niños.

APRECIACIONES A CONSIDERAR

INTERNET ES IMPORTANTE

- Fácil acceso a la Información.
- Fácil comunicación con los demás.

INTERNET ES DIVERTIDO

- La actividad más divertida para los encuestados es poder bajar música, películas, juegos y otros contenidos mediante la red.
- En relación con el primer punto, consideran importante buscar información en la red, el poder visitar la variedad de páginas web es una actividad motivadora y divertida para ellos.

ACTIVIDADES Y CONTENIDOS PREFERIDOS

- Los chicos principalmente prefieren bajar música, películas, juegos y otros entrenimientos mediante la red. El 69% de chicos y el 71% de las chicas estaban de acuerdo con esta afirmación.
- Las chicas prefieren hallar la información que les ayuda a realizar sus tareas escolares.
- En general los chic@s de 12 a 17 años, se muestran poco interesados en las noticias y los foros sobre temáticas determinadas que la red propone.

JUEGOS PREFERIDOS

- Los juegos de estrategia y los juegos de rol.
- Los chicos prefieren los juegos de lucha mientras que las chicas prefieren los educativos.

HÁBITOS DE INTERACCIÓN CON OTR@S QUE CONOCEN A TRAVÉS DE INTERNET

- El 32% de chic@s de entre 12 y 17 años que colaboraron en este estudio, manifiesta haber facilitado en alguna ocasión su e-mail o teléfono para mantener el contacto con alguien que ha conocido en la red.
- El 43% de los chic@s que respondieron el cuestionario, mantienen el contacto con alguien que han conocido en la red. De éstos, el 36% contactan mediante el e-mail, mientras que el 7% restante lo hace por teléfono.
- El 17% de la muestra ha quedado físicamente con alguien y se han conocido personalmente a través de una cita.
- El encuentro no siempre ha sido satisfactorio: del 17% que accede a la cita, el 11% lo ha pasado bien, mientras que un 6% dice haberse llevado una decepción. El otro 6% no se siente identificado con ninguna de las dos opciones anteriores.
- El 12% acudió a la cita acompañado de un amigo y el 5% acudió solo.
- El 34% de chic@s se han sentido incómodos en la red en alguna ocasión, bien explorando una página web, mediante el chat, messenger o e-mail.
- Cuando reciben e-mail, participan en un chat o entran en una página web que les resulta desagradable la mayoría abandona o cambia de actividad. Algunos incluso recurren a un adulto de confianza.

HÁBITOS AL NAVEGAR POR INTERNET

- Un 76% de chic@s que han participado en este estudio opinan que algunos contenidos que aparecen en la red deberían quedar bloqueados para seguridad de niños y jóvenes. Se puede decir que los chicos empiezan a contactar con otros que han conocido en la red a partir de los 13 años de edad, momento en el que principalmente lo hacen mediante el e-mail y en algunas ocasiones se ha facilitado el teléfono. Es a partir de los 15 años cuando se "atreven" a quedar. En algunos casos, van acompañados de un amigo o una amiga.[15]

INTERNET Y EL CAMBIO DE HÁBITOS

Con la generalización del uso de los ordenadores en los hogares, el empleo del tiempo libre está cambiando en algunos aspectos. Un 49% de los internautas asegura que navega en el tiempo en el que antes no hacía nada, y el 54% ve menos la televisión.

Las noticias ya no sólo se pueden conocer a través de la prensa escrita, la radio y la televisión, también se puede leer la prensa o escuchar la radio por Internet.

Lo mismo sucede en el terreno de la música y el cine, que no sólo se pueden disfrutar de esta forma, sino también bajarlos para consumo personal, compartirla con otras personas, etc.

La mayoría de las casas discográficas tiene sus novedades, las fotos y vida de los cantantes y músicos, las letras de sus canciones y otros datos que se pueden consultar desde el ordenador.

Las compañías cinematográficas facilitan los trailers de las películas que están próximas a estrenarse, las biografías de los artistas, las bandas sonoras de las películas, así como las páginas webs de los actores y actrices.

Las personas interesadas en la fotografía pueden guardar sus fotos en el ordenador, retocarlas con el programa adecuado, archivarlas no en el álbum tradicional sino en soporte digital.

---

[15] Ver: www.audiovisualcar.net/publicaciones y www.cfri.es (Páginas consultadas el 23 de agosto de 2006).

A la gente que le gusta viajar, Internet le ha abierto una puerta para conocer lugares de todo el mundo, viendo fotos, recibiendo información variada para preparar un viaje, desde la reserva de transportes y alojamientos on-line, hasta consultando horarios de museos, parques naturales, etc.

Los deportes han llegado a las casas a través de la red, proporcionando información sobre jugadores, campeonatos, competiciones, calendarios, o bien a través de los juegos en la red. No hace falta desplazarse para jugar una partida de ajedrez o de cartas, porque se puede hacer cómodamente desde casa.

Los juegos de ordenador, tanto vía e-mail como en línea, son una fuente de distracción y entretenimiento para muchas personas, especialmente, jóvenes durante sus ratos libres.

¿Has pensado lo útil que resulta visitar virtualmente un museo que se encuentra en la otra parte del mundo? Si bien es cierto que es preferible ver directamente un cuadro, una escultura o una animal disecado, es mejor contemplarlo a través de la pantalla del ordenador que no poder hacerlo de ninguna manera.

Muchas de estas y otras ventajas han resultado de gran utilidad para las personas que por diversos motivos no pueden tener un tiempo de ocio igual que las demás: personas con discapacidades físicas, de movilidad reducida, enfermas, que viven en un lugar apartado, etc., pueden pasar sus ratos libres de una manera más divertida a través de las posibilidades que les ofrece Internet.

PROPUESTAS PEDAGÓGICAS

> Una buena parte de la gente joven dedica su tiempo libre a navegar por Internet, donde realiza diversas actividades.
>
> 1. Si te sueles conectar a Internet, contesta a estas preguntas:

a) ¿Qué es lo que más te gusta hacer al acceder a la red en tu tiempo libre?

b) ¿Cuál es la posibilidad que te parece más útil de las que se te ofrecen, relacionadas con el tiempo de ocio? Explica por qué.

c) ¿Qué actividad aconsejarías a un amigo o amiga que esté aburrido para divertirse con Internet y por qué?

2. Organizar entre toda la clase un debate sobre las ventajas y desventajas de usar Internet en el tiempo de ocio.
Al acabar, poned en una lista cada una de ellas, y ved cuál es más larga.

3. Trabajo en equipo. Distribuida la clase en grupos, hacer un estudio sobre las posibilidades de ocio en Internet:
- Entablar amistades.
- Juegos.
- Música.

- Deporte.
- Cultura.
- Viajes.
- Mascotas y plantas.
- Lectura.
- Aficiones.
- Cine.
- Exposiciones.
- Otros...

Exponed las conclusiones del trabajo en el tablón de anuncios.

4. Hacer una campaña de concienciación sobre la seguridad en Internet para todo el centro escolar: diseño de carteles, charlas, eslóganes, mesas redondas, decálogo rimado, lista de páginas seguras y divertidas sobre distintos temas...

5. Concurso de redacción con el tema: *"Mi vida con y sin la Red"*.

Ganará la más votada por los compañeros de la clase, después de haber leído todas.

6. Entre toda la clase, diseñad los contenidos básicos que un chico o chica debe saber para manejarse con un mínimo de soltura en Internet. Elaboradlo en soporte informático para dejar en el aula de informática del centro, y para que pueda usarlo y beneficiarse un buen número de compañeros.

11. Deportes y ocio

INTRODUCCIÓN

Para mantenerse en buena forma, las personas deben hacer algún tipo de ejercicio físico. Este se realiza cuando se produce un movimiento voluntario de los músculos, produciendo un gasto de energía adicional al que el cuerpo necesita para mantener las funciones vitales. Si la actividad física se planifica con el fin de mantener la forma física, se denomina ejercicio físico. El ejercicio físico se llama deporte cuando se rige por unas reglas.

Tanto el ejercicio físico (caminar, bailar, correr...) como el deporte son beneficiosos para la salud: la Organización Mundial de la Salud (O.M.S.), constata que cada año mueren en el mundo alrededor de dos millones de personas por falta de ejercicio físico. Por ello, el año 2000 fue dedicado por este organismo a la promoción del ejercicio físico con el lema: "Por tu salud, muévete", que se puede y debe seguir aplicando también hoy.

BENEFICIOS DE LA ACTIVIDAD FÍSICA

– *Beneficios psicológicos*: mejora el estado de ánimo, al liberar endorfinas, que producen una sensación de bienestar. Además, ayuda a controlar o reducir el estrés y la ansiedad y aumenta la autoestima.

– *Beneficios sociales*: mejora la autonomía, ayuda a relacionarse con otras personas, fomenta las relaciones sociales.

– *Beneficios fisiológicos:* reduce el riesgo de enfermedades cardiovasculares, la hipertensión, el cáncer de colon y la diabetes. Favorece el control del sobrepeso y la obesidad, fortalece los huesos y los músculos.

DÓNDE Y CÓMO REALIZAR ACTIVIDAD FÍSICA

La actividad física se puede realizar en cualquier lugar, lo importante es querer desarrollarla.

No hace falta un lugar especial: se puede caminar por la calle, subir las escaleras, hacer las tareas domésticas, pasear, bailar, andar en bicicleta, monopatín, patines, etc.

También se puede realizar la actividad física en el centro escolar, dentro de las clases de Educación Física, en los ratos de recreo, en juegos en los ratos libres...; lo mismo sucede en las actividades relacionadas con la naturaleza, como es ir de excursión al monte, hacer senderismo, escalar, recoger setas, castañas, moras, almendras, nueces, correr por la playa o bañarse en el mar, en un río.

Bastantes personas no sólo realizan alguna de estas actividades, sino que, además, entrenan en un equipo deportivo, van a clases de baile, nadan, hacen atletismo, o cualquier otro deporte.

Las actividades físicas se pueden realizar solos o en compañía, dependiendo de la que se realice: aunque es preferible estar con alguien, pues se fomenta la sociabilidad, en ocasiones se realiza de forma individual, como puede ser aprovechar a hacer unos recados caminando y no en automóvil, subir y bajar escaleras; en cualquier caso, es preferible hacerlo solo que no hacer nada.

¿Cómo debe hacerse? Con sentido común y sin excesos.

Conviene hacer ejercicio moderado al menos unos treinta minutos diarios todos los días de la semana. Éste puede distribuirse en períodos de 10 a 15 minutos cada día, hasta alcanzar esa media hora mínima. La actividad más intensa debe hacerse con prudencia, dependiendo de la edad, el estado de salud y otras variables.

EL OCIO Y LOS DEPORTES

Según afirma un estudio de José Ignacio Ruiz Olabuénaga (1996: 35), los hábitos de ocio de la población están cambiando, y esto repercute también en la práctica de los deportes. A continuación se recogen algunas de las ideas expuestas en dicho estudio.

El deporte no es la forma de ocio más extendida ni por el número de personas que lo ejercitan ni por las horas dedicadas a ello.

La práctica deportiva, por lo general, no es democrática, es decir, está reservada a un grupo de gente que es la clase media o acomodada, a los hombres, especialmente con estudios medios y superiores. Las personas de clase social baja se limitan a participar de las emisiones televisivas o radiofónicas. Este grupo de gente carece de medios para acceder a unas instalaciones deportivas o a un equipamiento adecuado.

Algunos deportes básicos, como caminar, correr, nadar, hacer gimnasia, están más al alcance de todas las personas frente a otros, que requieren una mayor inversión como el golf, el motociclismo, el esquí, la esgrima, el alpinismo, etc.

La mujer joven de clase media accede casi por igual que los hombres al mundo deportivo, no así la de las clases populares.

El deporte de élite es vivido por los deportistas más como una profesión que como un modo de ocio, a pesar de los momentos de placer y satisfacción que les proporciona. Se ven sometidos a una férrea disciplina, en la que la superespecialización y la presión de los medios de comunicación les llevan a un estilo de vida dedicado casi en exclusiva al ejercicio; deben responder ante unos patrocinadores, un público, unos espectadores en los medios de comunicación..., que ha llevado a desvirtuar el sentido de lo que es el deporte. El autor pone como ejemplo las Olimpiadas, que, de ser un exponente de los más altos ideales, han pasado a convertirse en un mero negocio, en el que priman los intereses financieros. Lo anteriormente expuesto conlleva consecuencias como: resurgimiento de unos deportes y olvido de otros, mayor presencia masculina que femenina, contratación de profesionales extranjeros, preparación de niños pequeños como super estrellas de élite, especialmente en el fútbol.

Otra consecuencia es la poca espontaneidad de los deportistas federados, que deben someterse a ciertas imposiciones de las que los aficionados se ven libres, y les hace disfrutar más. Resumiendo, "el deporte para todos se practica por salud y placer; el deporte competitivo se practica por salud y por ganas de victoria, y el deporte de élite está motivado exclusivamente por dinero".

Ruiz Olabuénaga continúa exponiendo que el deporte de élite y el de los simples federados está experimentando un proceso de diversificación en el que el factor económico es muy importante. Diversificación que se manifiesta también en el auge de los llamados deportes californianos, en contacto con la naturaleza: golf, piragüismo, deportes aéreos y subacuáticos, frente a otros que han perdido protagonismo, como el béisbol, el remo, el billar o el hockey. Un tercer factor es la competición por dirigir el ocio de las masas con diversos fines.

El cuarto factor radica en el alargamiento de la vida y la mayor participación de la mujer en todo tipo de actividades, incluidas las deportivas.

La influencia de la televisión como promocionadora de un determinado deporte no es un factor absoluto, sino que confluyen la familia, la clase social, los estudios realizados a la hora de definir la práctica deportiva de una persona.

Así pues, a la hora de la práctica deportiva, existen una serie de factores que determinan la elección de una u otra modalidad en función de los mismos.

LOS DEPORTES Y EL OCIO EN LA VIDA DE LOS JÓVENES

Un buen número de adolescentes y jóvenes realiza algún tipo de ejercicio físico en sus ratos de ocio, aunque, cada vez más, este hábito se va perdiendo a causa de la dedicación a actividades más sedentarias, como el conectarse a Internet, ver la televisión, los videojuegos y un estilo de vida más tranquilo.

Los niños pequeños dedican mucho tiempo a la actividad física, especialmente a través del juego. Es el momento de iniciarse de forma progresiva en la práctica de algún deporte, que posteriormente convendría que siguieran ejercitando. Sin embargo, muy a menudo no ocurre esto, porque al llegar a la adolescencia tienen que dedicar más tiempo al estudio, o bien se inclinan por otro tipo de actividades más propias de los adultos, y que los van alejando de la práctica deportiva.

El deporte es para muchos una ocasión de relacionarse con los demás, bien asistiendo a determinados acontecimientos deportivos, bien participando en su práctica. Para otros, el deporte es algo que deben dominar, pues es un tema muy importante de conversación. Pensemos en las discusiones que todos los lunes se suscitan a raíz de los partidos de fútbol del fin de semana; para un chico al que no le interese este deporte –por lo general, las chicas no lo siguen tanto– puede ser un problema a la hora de integrarse en un grupo que está muy atento a los avatares futbolísticos.

LOS DEPORTES Y LA SALUD

Si bien nadie duda de los beneficios que conlleva la práctica deportiva, hay que tener en cuenta que no todos los deportes se pueden ejercitar indiscriminadamente.

Existen deportes de riesgo, que sólo las personas preparadas para ellos pueden realizar, como el alpinismo, espeleología, rafting, y en general, todos los llamados deportes extremos. Si no se llevan a cabo con las debidas precauciones se puede poner en riesgo la propia vida.

Otros, requieren un buen equipo o las instalaciones adecuadas: montar en un monopatín, por ejemplo, no es excesivamente arriesgado, pero es necesario llevar protectores, casco, y hacerlo en los lugares preparados al efecto. Otras prácticas de ejercicio físico requieren al menos cierta prudencia: a la hora de montar en bicicleta, nadar, correr, hacer senderismo, u otras similares y bastante extendidas, hay que observar unas mínimas reglas de prudencia que eviten accidentes o sustos innecesarios. El sentido común y la moderación debe regir en todo momento el ejercicio de los deportes aunque no sean de los catalogados como de riesgo.

Un factor con el que se debe contar, es con el de la edad. A medida que pasa el tiempo se tiene mayor facilidad para practicar ciertos deportes, adquirida con el ejercicio de los mismos, pero a la vez, cuando ha pasado mucho tiempo, se van perdiendo facultades físicas para ellos y se pueden correr riesgos para la salud. Por ejemplo, una persona joven puede correr, hacer atletismo, jugar al tenis... sin demasiados problemas, pero cumplida una cierta edad le será más costoso e incluso perjudicial para su salud. En caso de duda, el médico es el que debe aconsejar sobre este tema.

Existe un tipo de ejercicio físico que no tiene, en principio, ninguna contraindicación, y es muy recomendado por los médicos para mantenerse en buena forma física, y es caminar. Es un ejercicio muy beneficioso, que cualquier persona puede hacer, sin necesidad de gastar dinero, ni desplazarse a instalaciones deportivas, ni sujeto a ninguna época del año. Quizás lo único necesario sea un calzado cómodo, que ni siquiera tiene que ser de tipo deportivo.

Se aconseja caminar todos los días, o al menos tres veces por semana, durante un mínimo de media hora, pero es preferible llegar a hacerlo durante una hora diaria. Al principio, hay que comenzar de forma suave, para ir incrementando el ritmo hasta que sea un poco costosa la marcha, aunque sin llegar a la fatiga. Se puede realizar en períodos de 10-15 minutos hasta llegar a completar la hora diaria. Es un ejercicio fácil de realizar, y basta con proponérselo: evitar desplazarse en coche o bajarse unas paradas antes en el autobús, fijar cada día un rato para caminar, quedar con unos amigos para hacerlo, llevar música si se va solo y resulta algo aburrido, dejar algún pequeño recado por hacer para ir caminando, aprovechar para conocer un bosque, parque, recoger moras, flores silvestres, setas, castañas, etc., a la vez que se sale a andar....

DEPORTES Y CONVIVENCIA

La práctica deportiva debe ser una oportunidad para mejorar las relaciones con otras personas, especialmente si se hace de forma aficionada, por gusto, y no profesional. Debe ser un momento de disfrutar y de estrechar lazos y no de provocar enfrentamientos.

Lamentablemente, algunos entienden el deporte como una forma de generar o encauzar su propia violencia y causan un gran daño al mundo deportivo.

Este tipo de hechos se produce, sobre todo, en partidos de fútbol, aunque en ocasiones ha sucedido en los de baloncesto u otro tipo de deportes.

Los animadores de uno de los equipos rompen las reglas del juego limpio y arremeten física o verbalmente contra los del otro, los jugadores, árbitros, etc. En no pocas ocasiones se han librado verdaderas batallas campales que han arrojado el saldo de algunas personas muertas, un buen número de heridos de diversa consideración, desperfectos en el mobiliario urbano, escaparates, vehículos, etc.

La actitud y los hechos de quienes hacen de la violencia su forma de entender el deporte hablan por sí mismas.

En todos los deportes debe primar el juego limpio y el más estricto y escrupuloso respeto por las reglas de la educación, la concordia y el saber hacer.

Hasta hace relativamente poco tiempo, las personas discapacitadas se veían relegadas de la práctica deportiva; actualmente, se intenta que puedan disfrutar de ella. Esta actitud integradora, cada vez más extendida, es radicalmente contraria a la violencia en el deporte, a la exclusión de alguien por apoyar a determinado equipo o jugador, y es la que debe prevalecer en todos los ámbitos deportivos.

El deporte debe servir para unir a las personas y no para enfrentarlas, para suscitar valores y no para hacer que se pierdan, por eso, como diría un eslogan, *en el deporte, juega limpio* (López Herrerías, 1998; Máiztegui y Pereda, 2000 y Betancor, 2002).

PROPUESTAS PEDAGÓGICAS

Probablemente en tus ratos libres te guste hacer deporte, seguirlo en los medios de comunicación, comentarlo con tus amistades...

La práctica del ejercicio físico y el deporte son necesarias para el buen desarrollo físico y psíquico de las personas, y más de las jóvenes.

1. Trabajo en grupo: reunidos en grupos de 5 compañeros, explicad cuáles son las ventajas e inconvenientes de hacer ejercicio físico. Ponedlos en común con los otros grupos y haced un debate sobre el tema. ¿A qué conclusiones habéis llegado? Refléjalas aquí por escrito:

2. Diseña con otros dos o tres compañeros una campaña publicitaria sobre el deporte para distintos colectivos:
✓ Niños.
✓ Jóvenes.
✓ Personas mayores.

- ✓ Personas discapacitadas.
- ✓ Gente que dispone de poco tiempo.
- ✓ Jóvenes violentos.
- ✓ Gente que ha tenido experiencias negativas con el ejercicio físico.
- ✓ Personas que disponen de pocos recursos monetarios para hacer deporte.
- ✓ Familias con niños pequeños de distintas edades.

Pensad bien lo que se quiere transmitir a cada colectivo, sus necesidades, los argumentos que les pueden motivar, las dificultades que podrían encontrar, cómo responderían ante la campaña que habéis diseñado, etc.

Además, debéis buscar el soporte para llevarla a cabo: reparto de pegatinas, colocación de carteles, en la radio, en la prensa, en los colegios, en los estadios, a través de canciones especialmente compuestas para esa campaña de sensibilización...

3. Los deportistas profesionales y los aficionados. Tema de reflexión y debate para la clase. Algunos puntos que se pueden tratar:
- Condiciones en la práctica deportiva.
- Grado de conocimiento de los mismos por sus seguidores.
- La influencia de los medios de comunicación.
- El compromiso de unos y otros.
- Los patrocinadores.
- La economía y los deportistas.
- Los deportistas y la creación de modas.
- El amor al deporte en los aficionados y los profesionales.
- La cantera.
- La afición.

4. Busca todos los casos que puedas sobre la violencia en los deportes y haz un análisis de la misma. Redacta

un pequeño escrito con las medidas que crees se podrían aplicar para que no existiera este fenómeno. ¿Qué se podría hacer para evitarlo o al menos minimizarlo?

5. Hacer un listado de deportes de los más conocidos a los más extraños o novedosos. Te puede ayudar a buscarlos en algún directorio de Internet, donde vienen clasificados por categorías.

¿Cuál de ellos te ha llamado más la atención y por qué?

¿Alguno de los denominados deportes te parece que no lo es? ¿Por qué?

6. Muchos de los juegos infantiles están basados en el ejercicio físico. ¿Sabrías decir cuáles?

a ....
b ....
c. ....
d ....
e ....
f ....
g ....
h ....

7. ¿Cuáles son los beneficios de hacer ejercicio físico o deporte?

¿Y los aspectos negativos?

8. Tarea para toda la clase: repartidos en grupos, y siguiendo las indicaciones del profesor, realizar una trabajo con el fin de exponerlo y que sea útil para el resto de las clases.
Se trata de informar sobre las posibilidades de hacer ejercicio en el lugar en que vives.
Los aspectos que se podrían tocar:
- ✓ Servicios de deportes del ayuntamiento.
- ✓ Polideportivos, pabellones, piscinas, campos de entrenamiento, etc. (horarios, precios, condiciones...).
- ✓ Clubs existentes en la zona.
- ✓ Gimnasios.
- ✓ Asociaciones deportivas o asimiladas: clubs ciclistas, de natación, de senderismo, etc.
- ✓ Espacios naturales donde se puede realizar ejercicio: montes, playas, ríos, etc.
- ✓ Otros lugares alternativos.
- ✓ Publicaciones sobre deportes.
- ✓ Ayudas y subvenciones.
- ✓ Otros aspectos interesantes a la hora de ejercitar un deporte.

9. Los medios de comunicación tienen una gran importancia a la hora de difundir información sobre los deportes.
¿Qué revistas o periódicos deportivos conoces?

¿Y programas o canales de radio o televisión?

¿Y en Internet?

¿Cuándo se produce una mayor información sobre los deportes?

Haz un pequeño ensayo sobre los medios de comunicación y el deporte.

10. Los acontecimientos deportivos han sido llevados al cine en muchas ocasiones. He aquí una lista de algunas películas que se pueden ver y comentar en clase:
Rocky, de John G. Avildsen (USA, 1976); *Carros de fuego*, de Hugh Hudson (Reino Unido, 1981); *Kárate Kid*, de John G. Avildsen (USA, 1984); *Un domingo cualquiera*, de Oliver Stone (USA, 1999); *El portero*, de Gonzalo Suárez (España, 2000); *Rollerball*, de Norman Jewinson (USA-Alemania-Japón, 2002); *Quiero ser como Beckham*, de Gurinder Cada (Reino Unido, 2002); *Bienvenidos a Belleville*, de Sylvain Chumet (Francia, 2003); *Coach Carter*, de Tomas Carter (USA, 2005); *Camino a la gloria*, de James Gartner (USA, 2006).

12. La naturaleza y el ocio

INTRODUCCIÓN

La recreación al aire libre es una de las formas más extendidas del ocio en la actualidad, y el número de personas que desean pasar su tiempo libre en el entorno natural, es cada vez mayor (Novo, 1995).

La vida tan rápida que se vive normalmente en las ciudades está llevando a la gente a valorar la tranquilidad que hay en el campo o en ciertos lugares de la costa que aún no están masificados; en definitiva una búsqueda de lo natural, lo limpio y no contaminado, lo silencioso y apacible es la meta con la que se sueña para descansar en el tiempo de ocio.

Sin embargo, surge la paradoja de que muchas veces, buscando esa paz, la gente, que accede en sus vehículos en caravana, se encuentra una naturaleza masificada, con unas playas repletas, con unos merenderos en los montes que quedan sucios después del paso de los excursionistas, o de un río lleno de desperdicios tras una jornada de pesca o de baños.

Al mismo tiempo, para atender a la demanda de contacto con la naturaleza han surgido un gran número de empresas que facilitan la práctica de deportes relacionados con la misma, como el rafting, el barranquismo, la vela, el surf, el senderismo, el cicloturismo, y otros que se desarrollan al aire libre. Estas empresas han ido transformando ciertos espacios naturales con sus instalaciones, por mínimas que sean, y el paisaje se ha ido deteriorando poco a poco de manera considerable, con lo que el medio natural cada vez lo es menos.

Corresponde a las administraciones públicas velar por la conservación y el cuidado de la naturaleza arbitrando las soluciones y medidas más eficaces, con el fin, no sólo de conservarla, sino, si es necesario, de mejorarla. Para ello, contará no sólo con las leyes, sino también con la información y educación de los ciudadanos en materia medioambiental, que abarca desde el desarrollo sostenible hasta el cuidado de los bosques para que no ardan, desde la protección de determinadas especies de plantas y animales hasta la conservación de espacios naturales...

EL HOMBRE Y SU RELACIÓN CON LA NATURALEZA

Tanto el hombre primitivo, como las actuales sociedades menos desarrolladas han visto en la naturaleza una fuente de alimentos y un lugar donde vivir, sin preocuparse de nada más. Incluso, muchos pueblos son trashumantes, y no sienten arraigo por ningún medio natural, sino por el que les proporciona un modo de vida. Otros, sin embargo, la han valorado como fuente de placer e incluso ha inspirado bellas páginas de la literatura.

Con el paso del tiempo, las obras literarias han dejado una huella sobre cómo las personas valoraban la naturaleza. Por ejemplo, Homero describe los llamados "locus amoenus", es decir, el campo idealizado: lugar frondoso, fresco, lleno de hierba, árboles, fuentes, ninfas, donde los pájaros cantan alegres y es apetecible estar. Este tópico fue seguido en toda la tradición greco-latina, como en las *Églogas* de Virgilio, hasta la Edad Media y el Renacimiento. También el poeta Garcilaso de la Vega escribió sus *Églogas*, y Fray Luis de León la *Oda a la vida retirada*. Surge en este momento la novela bucólica y pastoril, e incluso D. Quijote quiere llevar una vida de pastor en un campo idealizado.

A partir del idealismo de Rousseau con su mito del buen salvaje, y del Romanticismo alemán, la naturaleza vuelve a ser la protagonista de un sinfín de obras literarias y plásticas. A la reina María Antonieta le gustaba vestirse de pastora con otras damas y caballeros de la corte francesa, para ir a hacer quesos a una pequeña granja que tenía en su palacio de Versalles.

Durante el Romanticismo, la naturaleza estaba en comunión con el espíritu de las personas, especialmente de los poetas, que la presentaban arisca si ellos estaban tristes, o risueña si en su alma brillaba la luz.

Personajes tan conocidos como Robinson Crusoe, Tarzán, Sandokán, Pocahontas y otros muchos, creados sobre todo en el mundo anglosajón, han acercado a los lectores la naturaleza como medio amigable o inhóspito para el hombre, y han hecho de ella un elemento más de la cultura literaria y cinematográfica de varias generaciones.

LOS PUEBLOS Y LAS CIUDADES

Fray Antonio de Guevara publicó en Valladolid en 1539 un libro titulado *Menosprecio de Corte y alabanza de aldea*, en el que ensalza las virtudes de la vida en el campo, frente a la complicada vida cortesana. Desde su redacción hasta nuestros días, muchas personas han estado de acuerdo con este tópico, y vuelven su mirada a la vida rural, denostando la urbana. Los más extremistas, que ven la vida de la ciudad como un peligro para toda la naturaleza, propugnan un estilo de vida alejado prácticamente de los adelantos técnicos, que facilitan la vida de la gente y su progreso, tales como la electricidad, y piden la recuperación de los trabajos artesanales olvidados y la vida en comunas.

Frente a este tipo de planteamientos están una serie de posturas intermedias, que alertan sobre la necesidad de volver al contacto con la naturaleza, especialmente las personas que viven en las ciudades, dados los beneficios que esto conlleva.

¿Qué vestigios de la naturaleza se pueden encontrar en las ciudades? Aparte de la variedad de plantas y árboles que pueda haber en los parques y jardines, las mascotas –sobre todo, perros– y algunos pájaros, poco más se puede vislumbrar en la mayoría de los hábitats urbanos.

Los niños de las ciudades apenas han visto animales como vacas, cerdos, caballos, ovejas, patos... y por eso se asombran al ir a las llamadas granja-escuela, donde entran en contacto, aunque sea breve, con el mundo rural.

Por el contrario, los niños que viven en el campo están en permanente relación con estos animales: los han visto nacer, desarrollarse, saben cómo se ponen los huevos, cómo crecen las crías.... Han subido a los árboles a coger fruta y saben su origen, sus épocas de sazón; reconocen el canto de los pájaros y a menudo salen a pescar, a bañarse en el río o en el mar. Se consideran parte de la naturaleza.

LA NATURALEZA PROTEGIDA

Una de las obligaciones y competencias de las autoridades es el cuidado y protección del medio natural, para lo que se crean leyes que preservan los espacios que en cada lugar existen.

Dependiendo de ciertas características, estos espacios reciben distintos nombres, como se recoge en la Ley de Conservación de Espacios Naturales y de la Flora y Fauna Silvestre de 4/1989, del 7 de Marzo sobre la protección de dichos lugares. He aquí algunos de los aspectos más importantes de esta ley.

Artículo 8. Concepto.

Se definen como *espacios naturales protegidos* aquellos espacios que contengan elementos o sistemas naturales de particular valor, interés o singularidad, tanto debidos a la acción y evolución de la naturaleza como derivados de la actividad humana, y que fueran declarados como tales.

Artículo 9. Categorías de espacios naturales protegidos.

1. En función de los bienes y valores a proteger, los espacios naturales protegidos regulados en la presente ley se clasifican en las siguientes categorías:

a) Reserva natural.
b) Parque nacional.
c) Parque natural.
d) Monumento natural.
e) Humedal protegido.
f) Paisaje protegido.
g) Zona de especial protección de los valores naturales.
h) Espacio natural de interés local.
i) Espacio privado de interés natural.

2. En el ámbito territorial de un espacio natural podrán coexistir distintas categorías de protección de las contempladas en el apartado anterior si así lo exigen las particulares características del mismo. (...)

DEFINICIONES

Artículo 11. Reserva natural.

1. *Las reservas naturales* son espacios naturales cuya declaración tiene como finalidad la protección de ecosistemas, comunidades o elementos biológicos que, por su rareza, fragilidad, importancia o singularidad, merecen una valoración especial.

Artículo 12. Parque.

1. *Los parques* son áreas naturales, poco transformadas por las actividades humanas, que, en razón de la belleza de sus parajes, de la representatividad de sus ecosistemas o la singularidad de su flora, fauna o formaciones geomorfológicas, poseen unos valores ecológicos, estéticos, educativos o científicos cuya conservación merece una atención preferente.

4. Los parques podrán ser naturales o nacionales.

Artículo 13. Monumento natural.

1. *Los monumentos naturales* son espacios o elementos de la naturaleza constituidos básicamente por formaciones de

notoria singularidad, rareza o belleza que merecen ser objeto de una protección especial.

Artículo 14. Humedal protegido.

1. Se entenderá por *humedal protegido* las extensiones de marismas, pantanos, turberas o superficies cubiertas de agua, sean éstas de régimen natural o artificial, permanentes o temporales, estancadas o corrientes, dulces, salobres o saladas, incluidas las extensiones de agua marina cuya profundidad en marea baja no exceda de seis metros, que a la vez cumplan una función de importancia internacional, nacional o autonómica en la conservación de los recursos naturales, y que sean declaradas como tales.

Podrán comprender zonas ribereñas, costeras o adyacentes, así como las islas o extensiones marinas de profundidad superior a los seis metros en marea baja cuando éstas se encuentren dentro del humedal.

Artículo 15. Paisaje protegido.

1. *Los paisajes protegidos* son espacios que, por sus valores singulares, estéticos y culturales o bien por la relación armoniosa entre el hombre y el medio natural, sean merecedores de una protección especial.

Artículo 16. Zona de especial protección de los valores naturales.

1. Se considera como zona de especial protección de los valores naturales aquellos espacios por cuyos valores o interés natural, cultural, científico, educativo o paisajístico sea necesario asegurar su conservación y no tengan otra protección específica, sin perjuicio de lo dispuesto en el artículo 9 de la presente Ley.

Artículo 17. *Espacio natural de interés local.*

Espacios integrados en su término municipal que por sus singularidades sean merecedores de algún tipo de protección de sus valores naturales.

Artículo 18. *Espacio privado de interés natural.*

1. Las instituciones y los propietarios particulares de los terrenos en que existan formaciones naturales, especies o hábitats de flora y fauna silvestres cuya protección se considere de interés naturales protegidos.

Dado el especial carácter que tienen estos espacios protegidos, todas las personas deben contribuir a su buen mantenimiento, respetando al máximo estos entornos naturales, que si llegaran a deteriorarse, sería difícil y caro recuperar.

LA NATURALEZA Y LA SALUD

A medida que las ciudades van creciendo y la vida se hace en ellas más difícil, casi toda la gente aprecia más el contacto con la naturaleza y busca en ella un modo de expansión en sus ratos de ocio. Incluso, si puede, va a vivir a lugares donde tenerla más cerca, como algunas urbanizaciones cercanas al mar o a la montaña, realiza salidas a los pueblos de origen en el fin de semana, etc.

Asimismo, este contacto con el medio natural se produce al practicar ciertas aficiones, como la caza y la pesca, el senderismo, las excursiones por el campo, los deportes que se hacen en contacto con la naturaleza, los paseos por la playa...

Es indudable que las personas se benefician –tanto física como psíquicamente– de estar al aire libre el mayor tiempo posible, sin embargo, hay que tener en cuenta algunos aspectos relativos a la salud.

Los beneficios del agua para el cuerpo humano son conocidos desde tiempos antiguos. Algunos manantiales son especialmente benéficos para el tratamiento de ciertas afecciones y se emplean como medicina para tratarlas, dadas sus cualidades terapéuticas. Surgen así los balnearios y otros establecimientos en los que el agua es la protagonista principal. Uno de los lugares que más balnearios posee de toda la geografía española es Galicia y sus aguas se emplean en una gran variedad de tratamientos termales.

El agua está presente en los aproximadamente 7780 kilómetros de costa que hay en nuestro país facilitando no sólo un medio de vida a muchas personas, sino un lugar de expansión y recreo.

A las playas se accede principalmente en el verano, buscando el relajarse y disfrutar del sol. El agua de mar es enormemente beneficiosa para la salud, y el solo hecho de estar en la orilla de la playa es bueno para el organismo, por el aire marino lleno de iones y el yodo que tiene. Si además el cuerpo recibe el contacto directo con el agua, los beneficios se incrementan: aumenta la tonificación, mejora la circulación y el estado de la piel, se reciben ciertos oligoelementos presentes en el agua, se relajan los músculos... (Buitrago, 2004, 56-58).

El sol que se toma en la playa es muy necesario para la síntesis de la vitamina D, que contribuye a fijar el calcio de los huesos y a aumentar los niveles de serotonina –hormona que produce una sensación de bienestar y alegría y contribuye a alejar la depresión–. Sin embargo, el sol debe tomarse con las debidas precauciones.

Las exposiciones prolongadas al sol y sin la debida protección pueden provocar desde simples quemaduras leves, insolaciones, golpes de calor, hasta graves deshidrataciones que pueden provocar la muerte o melanomas –cáncer de piel–.

Para tomar el sol hay que evitar los excesos, seguir las medidas básicas de protección, evitar las exposiciones prolongadas, en horas en las que los rayos solares afectan más a la piel, y, en general, prestar atención a las indicaciones que los médicos recomiendan para disfrutar del sol sin peligros para la salud. Esto mismo es aplicable cuando se va a la montaña o se está en contacto con la nieve, cuyo poder de reflejar los rayos solares multiplica sus efectos negativos.

Las personas que gustan de los deportes en el medio natural también deben tener en cuenta las medidas de prudencia necesarias para hacerlo de forma segura. Por ejemplo, evitar salir al campo si hay peligro de perderse con el mal tiempo o la niebla; tomar las debidas precauciones si se va a pescar o a pasear cerca del mar o en un río evitando riesgos innecesarios como las caídas, golpes de mar, etc.; si se practican deportes que puedan entrañar cierto riesgo como el surf, barranquismo, escalada, rafting, espeleología, parapente, u otras similares, hay que observar siempre las medidas necesarias y no confiar temerariamente en las propias posibilidades. El ocio hace posible realizar actividades interesantes pero la búsqueda de emociones no debe de poner en peligro la seguridad de las personas ni la tranquilidad de sus familiares.

OTRAS POSIBILIDADES

La naturaleza ofrece una gran variedad de actividades que se pueden llevar a cabo en el tiempo libre y relacionadas con ella. Además de algunas de las ya citadas, se pueden señalar otras como las siguientes:
- Cuidado de mascotas y animales domésticos.
- Colección de conchas.
- Colección de insectos.
- Colección de plantas.
- Cuidado y cultivo de plantas ornamentales.
- Atención de un huerto ecológico.
- Realización de compostaje.
- Recuperación de un espacio natural deteriorado.
- Excursiones al campo.
- Recogida en el campo de productos de temporada: setas, moras, castañas, nueces...
- Deportes náuticos: vela, natación, surf, windsurf, buceo, piragüismo, remo...
- Deportes de montaña: esquí, barranquismo, trekking, espeleología, etc.
- Deportes "californianos".
- Turismo ecuestre.
- Cicloturismo.
- Senderismo.
- Termalismo.

- Contemplación de paisajes.
- Ir a la playa.
- Visitar un zoo, acuario, delfinario.
- Fotografía del medio natural, de las plantas, de los animales...
- Caza.
- Pesca...

Las oportunidades de acercarse a la naturaleza en el tiempo libre son muy variadas y sólo exigen respeto y cuidado de la misma: cumplir las normas o consejos señalados por las autoridades o los especialistas, tratar todo con el mismo interés y atención que las cosas personales, en definitiva, valorar lo que la naturaleza nos ofrece, pensando en un futuro sostenible para todos.

PROPUESTAS PEDAGÓGICAS

La naturaleza nos ofrece medios de distracción y relax al ponernos en contacto con ella en el tiempo de ocio.

1. ¿Qué actividades relacionadas con la naturaleza se pueden realizar en el tiempo libre? _____
_____
_____
_____
_____

2. ¿Cuáles de ellas llevas a cabo tú, tu familia, amistades, vecinos? _____
_____
_____
_____
_____

3. Compara lo que aportan esas actividades con otras que se realizan en el tiempo libre. ¿Qué brindan unas y otras? _____
_____
_____
_____
_____
_____

4. Entre toda la clase, realizar un pequeño estudio sobre algunos aspectos relacionados con:
- ✓ El deporte y la naturaleza.
- ✓ La salud natural.
- ✓ El termalismo.
- ✓ El mar y el tiempo libre.
- ✓ Los animales de compañía, las mascotas, los animales en vías de extinción.
- ✓ La contemplación de los paisajes.
- ✓ Las medidas de seguridad en el medio natural.
- ✓ El cuidado de los ecosistemas.
- ✓ El desarrollo sostenible.
- ✓ El reciclado y el ocio.
- ✓ El turismo ecológico.
- ✓ Los espacios protegidos.

5. Si vas a la playa, en la arena puedes encontrar algunos elementos naturales y otros artificiales.

Divide en ambos apartados los que a continuación se relacionan: conchas, estrellas, latas, papel, colillas, plumas de calamar, botellas, envoltorios, algas, pieles de naranja, restos de bocadillos, palos, palos de helados, cangrejos, peces, plumas.

¿Serías capaz de decir cuánto tiempo tarda en reciclarse cada una de estas cosas? ¿Hay alguna que dura más de cien años? ¿Cuál?

6. ¿Qué es la literatura bucólica? ¿Cuándo aparece y por qué se escribe? Señalar varias obras que pertenezcan a esta corriente.

7. Cine forum: ver y comentar alguna de estas películas relacionadas con la naturaleza (González Martel, 1996; Pereira, 2005):
- *Dersu Uzala,* de Akira Kurosawa (Japón, 1975).
- *El bosque animado,* de Ángel de la Cruz y Manuel Gómez (España, 2001).
- *El hombre que susurraba a los caballos,* de Robert Redford (USA, 1998).
- *El libro de la selva,* de Zoltan Korda (USA, 1942).
- *El oso,* de Jaen Jacques Annaud (Francia-USA, 1989).
- *El planeta de los simios,* de Franklin J. Schaffner (USA, 1968).
- *Gorilas en la niebla,* de Michael Apted (USA, 1988).
- *Hermano Oso*, de Aarón Blarse y Robert Walker (USA, 2003).
- *Buscando a Nemo, de Andrew Stanton y Lee Unkrich (USA, 2003).*
- *La historia del camello que llora,* de Luigi Farloni (Alemania, 2004).
- *Los nuevos Robinsones suizos,* de Stewart Raffill (USA, 1998).
- *Náufrago,* de Robert Zemeckis (USA, 2000).
- *Pocahontas*, de Mike Gabriel (USA, 1995).
- *Tarzán,* de Mike Gabre y Eric Goldberg (USA, 1999).
- *Un lugar llamado Milagro,* de Robert Redford (USA, 1988).

8. ¿Qué obras de arte se han inspirado en la naturaleza?

Realizar una exposición de fotos, cuadros, esculturas, basadas en el tema natural. También los músicos han creado obras basadas en la misma fuente. Realizar una audición de alguna y tratad de ver qué sugieren.

9. Leer y comentar el sentido del primer capítulo del libro "El bosque animado" de Wenceslao Fernández Flórez y pasadlo a cómic.

10. Hacer un listado de páginas web interesantes asociadas con distintos aspectos que afecten a la naturaleza.

11. ¿Qué espacios naturales protegidos existen en tu Comunidad Autónoma? ¿Dónde están y cuál es su valor ecológico? Se puede programar la visita a alguno de ellos.

12. ¿Cómo son los espacios naturales del lugar en que vives?
¿Hay parques, jardines u otros similares?

¿Cómo están cuidados?

¿En qué se podrían mejorar?

Hacer una lista entre toda la clase y si es conveniente, mandad las sugerencias oportunas a la autoridad competente con el fin de optimizar lo que esté descuidado.

13. Elaborad una campaña publicitaria para concienciar a diversos sectores de la población sobre el cuidado de los montes con el fin de evitar los incendios. Podéis consultar noticias de prensa sobre olas de incendios de gran alcance que incluso han conllevado la pérdida de vidas humanas.
Asimismo, debatid las medidas que se han considerado en el ámbito legislativo con el fin de evitar estos desastres ecológicos.

13. Gastronomía y tiempo libre

INTRODUCCIÓN

Desde los primeros tiempos de la humanidad, la comida ha estado unida a la relación con los demás, no sólo como medio para conseguirla o por la que luchar, sino para estrechar lazos, firmar alianzas y ser vínculo de amistad y unión entre las personas.

Todos los pueblos han mantenido a lo largo del tiempo una serie de costumbres particulares, específicas, en torno al mundo de la alimentación, la bebida, la gastronomía y restauración, que reflejan su forma de ver el mundo, su cultura, su idiosincrasia, en definitiva.

El estudio y reflexión sobre algunos aspectos relacionados con la gastronomía y el ocio pueden ser interesantes para conocernos mejor a nosotros y a las personas que nos rodean, así como el mundo más cercano en el que vivimos.

COMIDA Y RELACIONES SOCIALES

El acto de comer no sólo cumple una función biológica de nutrición y mantenimiento del cuerpo humano: a través de la comida se establecen relaciones personales entre los componentes de la sociedad (Buitrago, 1999: 21).

El bebé depende de su madre para comer, y hasta que pasa un buen número de años, la persona no es capaz de alimentarse por sí misma, sino que depende de su familia. Es ésta la que le proporciona las pautas para saber qué comer, le educa sus gustos culinarios, le enseña a manejar los instrumentos para alimentarse, las reglas de urbanidad a la hora de sentarse a la mesa, etc.

Las relaciones humanas no sólo se desarrollan en el ámbito familiar más reducido, sino que en numerosas ocasiones éste se amplía a otros miembros, normalmente con motivo de algunas fiestas (Pomes, 2004). Así, es frecuente reunirse en torno a la mesa en Navidades, cuando son las fiestas locales, o se celebra un acontecimiento familiar como cumpleaños, onomásticas, bodas, bautizos, comuniones, aniversarios, etc. Incluso en no pocas familias existe la costumbre de reunirse los fines de semana a comer para poder verse y estar todos juntos.

También durante las vacaciones, sobre todo las estivales, los familiares y amigos que no pueden tratarse tan a menudo como quisieran, aprovechan para reunirse alrededor de una mesa y compartir buenos momentos.

Un gran número de personas ocupa su tiempo de ocio en salir con sus amistades a comer o a tomar algo y poder charlar delante de una mesa de un bar, una cafetería, un restaurante, especialmente los fines de semana o en los momentos de vacaciones.

En los lugares donde el clima lo permite, la gente va a las terrazas a distraerse y ver pasar a otras personas mientras toma algo y se disfruta del buen tiempo.

En ciertos trabajos, los compañeros se congregan para gozar de un rato libre con motivo de una jubilación, el traslado de uno de ellos a otro lugar, por Navidades, etc. Existen además, las llamadas "comidas de trabajo", en las que se cierran acuerdos laborales alrededor de la mesa de un restaurante.

En los centros escolares es frecuente hacer cenas y comidas de final de curso, meriendas o piscolabis para celebrar el cumpleaños de alguna persona de la clase....

Si meditamos un poco y nos paramos a reflexionar, podemos ver que la mayoría de los acontecimientos personales o colectivos los celebramos comiendo y bebiendo, no sólo en la actualidad, sino desde tiempos inmemoriales y que los momentos de ocio están muy relacionados con la gastronomía y la restauración.

FIESTAS Y COMIDAS

Como se acaba de ver anteriormente, la mayoría de las personas celebra los acontecimientos festivos comiendo y bebiendo más y/o mejores cosas que las habituales.

El nacimiento de un nuevo miembro de una familia suele ser momento para congregarse a celebrarlo todos los allegados (Cuenca, 2000a, 2000b). Para ellos, se suele celebrar una comida, que se volverá a repetir con distintos motivos a medida que la criatura crezca: cumpleaños, Primera Comunión si es creyente, finalización de estudios, boda, etc.

También en el momento de la muerte la comida y la bebida están presentes. En algunos lugares se invita a comer a las personas que asistieron a las honras fúnebres o al velatorio. En México, el día de Difuntos muchas familias van al cementerio a llevar la comida preferida de un difunto para depositarla encima de su tumba e incluso ellas comen en el camposanto. En el antiguo Egipto, las personas iban al otro mundo acompañadas de comida y bebida que se depositaba en el enterramiento para que pudiera disfrutarla en el más allá.

Las fiestas de todo tipo no son tales si no están acompañadas de comida y bebida abundante. El exceso en comer y beber es uno de los desmanes permitidos en las fiestas y que contribuye a dar el ambiente festivo y de diversión a las mismas.

Muchas de las fiestas que se celebran en nuestro país tienen como motivo la exaltación de un producto gastronómico.

Prácticamente cada localidad de España tiene a gala organizar alguna fiesta en la que se exalta el producto típico del lugar y a la que acuden un gran número de personas, especialmente en época estival, que es cuando la mayoría de ellas tienen lugar. Estas fiestas son motivo de encuentro con vecinos, familiares que viven en otros lugares, parientes que han emigrado y vuelven para la fiesta... Además, muchas asociaciones de personas mayores o jubiladas llevan a sus socios a dichas celebraciones, que sirven para contribuir a su socialización y son una buena oportunidad para que puedan viajar y salir a conocer otros lugares en su tiempo de ocio.

TURISMO Y GASTRONOMÍA

Uno de los motivos por los que algunas personas viajan a otros lugares en sus momentos de descanso es para disfrutar de la gastronomía local. Conocer la cultura o tradición alimentaria de una tierra es una manera de conocer a sus gentes, pues sus costumbres culinarias revelan a menudo su forma de entender la vida y el mundo. Las culturas que valoran la comida suelen ser más refinadas y ricas que aquellas que sólo se alimentan por necesidad y no disfrutan de una buena mesa.

Muchos lugares, entre ellos Asturias, País Vasco, Navarra, Murcia, Galicia, gozan de una merecida fama por su oferta gastronómica, que constituye un innegable atractivo turístico.

Todos los años, miles de personas se acercan a distintas zonas del país para disfrutar de su amplia y variada gastronomía, lo que contribuye a que la calidad de los restaurantes haya ido mejorando notablemente en los últimos años, gozando de una merecida fama por toda la geografía española.

Aunque las personas que menos la conocen, identifican nuestra mesa española con la paella, la fabada, la empanada o el gazpacho, los que se acercan a ella más detenidamente pueden comprobar que ésta se extiende a las más ricas y variadas maneras de preparar la carne: desde la hecha "ó caldeiro", "ó espeto", richada, asada, etc. además de la amplia oferta que el mar brinda a los que quieren comer en Galicia, Asturias o Andalucía, a modo de ejemplo. Tampoco se puede olvidar la variada repostería que con motivo de cualquier acontecimiento se elabora en la cocina nacional y da lugar a fórmulas más exquisitas y profesionales o más comunes y familiares. Muchos monasterios preparan rectas artesanales que tienen una tradición de siglos y hacen las delicias de los paladares más exigentes.

España es un lugar privilegiado del mundo para el cultivo y la crianza del vino, dada la variedad de climas y terrenos que posee, y ha producido caldos de excelente calidad, que se exportan a todo el mundo. Sería largo citar todos los vinos españoles, pero no podemos dejar de señalar los de la Rioja, los de la Ribera del Duero, los cavas catalanes, el del Somontano, el Ribeiro y el Albariño, el de Jumilla, el txakolí, el vino de Jerez, de Valdepeñas..., cada vez de mejor calidad pues la cultura del vino se desarrolla en España de modo espectacular.

El turismo gastronómico, cada vez más extendido, es uno de los motivos que mucha gente tiene para viajar a distintos lugares, si bien es cierto que, junto a este fenómeno, se está produciendo una "globalización gastronómica".

Debido a la implantación de un número creciente de locales de comida estándar, se puede ingerir una comida muy similar en los más distintos lugares del planeta, olvidando las posibilidades que ofrece la gastronomía local; las hamburguesas, pizzas, perritos calientes, patatas fritas, colas y otros refrescos han ido ganando terreno a una comida sana, autóctona y de mayor calidad, consiguiendo un igualitarismo culinario de insospechadas consecuencias.

Quizás sea conveniente replantearse una educación gastronómica, especialmente entre los más jóvenes, para recuperar el gusto por la cocina específica de cada lugar, empleando los productos propios y de temporada, y volviendo a una alimentación más saludable.

LA COCINA COMO DIVERSIÓN

Muchas personas cocinan porque tienen que alimentarse, pero no le dan mayor importancia a este acto: si saben algo de nutrición procurarán elaborar una comida sana, una dieta equilibrada, variada, que les haga mantenerse en forma, pero no buscarán la exquisitez o no estarán horas delante del fogón.

Sin embargo, muchas otras personas gozan cocinando y es para ellas un buen modo de pasar divertidas horas de su tiempo libre. Estas personas:
- disfrutan elaborando la comida,
- buscan nuevos modos de hacer una receta,
- invitan a sus amistades a degustar sus platos,
- se sienten felices cuando ven a la gente apreciando sus creaciones,
- se desplazan a otros lugares para conocer nuevos platos,
- experimentan nuevos sabores y modos de elaboración,
- siguen programas de T.V.,
- leen libros, sobre gastronomía para mejorar sus recetas o introducir innovaciones,
- consideran que la comida y la bebida son una buena forma de fomentar las relaciones familiares, sociales y afectivas,
- lo pasan bien no sólo cuando cocinan, sino cuando compran los productos, los elaboran, recuerdan que la comida salió buena y la gente disfrutó.
- ...

La cocina es para mucha gente motivo de distracción en sus ratos libres, bien porque le gusta cocinar, bien porque pertenece a alguna asociación gastronómica que se reúne para preparar o degustar diversos platos (Hollyer, 2003). Muy a menudo, los grupos de cazadores se congregan para cocinar sus presas y compartir buenos momentos todos juntos. En el País Vasco, de antigua y bien merecida fama gastronómica, hay asociaciones exclusivas de hombres que se reúnen en los "txokos" para elaborar y degustar platos entre los componentes de estos colectivos.

La cocina y todo lo relacionado con ella, como la repostería, la degustación de vinos de calidad, el cuidado y la decoración de la mesa, las normas de educación que en ella deben observarse, etc., son un buen pasatiempo para las personas interesadas en estos temas, y a las que proporcionan una gran satisfacción personal.

El gusto por participar en tareas relacionadas con la cocina como afición no se circunscribe a una edad o a un sexo: se puede disfrutar de ellas desde pequeños hasta una edad avanzada, tanto hombres como mujeres.

El campo relacionado con la gastronomía como afición es muy amplio: desde conocer y degustar distintos tipos de cafés, chocolates, vinos, licores, repostería, hasta saber preparar bien una mesa, con la vajilla y cubertería adecuada para cada ocasión, o estudiar comidas exóticas de lugares remotos y apartados. Algunas personas indagan en sus ratos libres cómo era la comida en tiempos antiguos, cómo eran los menús de los ricos y de los pobres y cómo se han mantenido hasta nuestros días o se han ido perdiendo o transformando.

Para muchas, el coleccionar elementos relacionados con la comida es uno de sus pasatiempos favoritos, y así se hacen con hermosas colecciones de cucharitas, platos, juegos de café, copas y jarras, decantadores de vino, abrebotellas, latas de refrescos...

Incluso los artistas de todos los tiempos han encontrado una fuente de inspiración en la comida y la han reflejado en escenas de banquetes y bodegones.

INVITAR A LOS AMIGOS Y A LA FAMILIA

Preparar una comida para la familia y los amigos es una buena manera de disfrutar del tiempo de ocio, en el que se fortalecen las relaciones afectivas entre las personas queridas.

No hay que esperar a que haya un motivo especial para reunirse con ellos alrededor de una mesa para compartir un rato agradable; cualquier día es bueno para tenerlos presentes y disfrutar de un buen momento. Lo más importante es el interés que se muestra, y lo menos, que todo salga perfecto.

Algunas ideas para organizar la reunión:
- ❖ Pensar a quién se va a invitar para decidir qué tipo de comida se degustará (almuerzo, merienda, cena...), si será de carácter formal o informal, etc.
- ❖ Cursar las invitaciones con el tiempo suficiente para que puedan organizarse para asistir. Estas pueden hacerse por escrito, si es una reunión formal, o por teléfono, correo electrónico, mensaje telefónico (SMS), u otros medios, si es una reunión informal. Conviene tener confirmación del número de asistentes para organizarlo todo con precisión.
- ❖ Planificar un menú que guste a la mayoría de las personas que van a tomarlo. Este puede dejarse elaborado con antelación y servirlo cuando se vaya a comer, con lo cual se podrá atender mejor a los invitados, o rematarlo en el último momento, cuando están a la mesa. Es mejor decidirse por la primera opción y aprovechar para disfrutar de su compañía sin tener que levantarse y estar pendiente de la atención de la mesa.
- ❖ La mesa puede llevar alguna decoración, si se quiere, pero no debe faltar una mantelería bien planchada –si es una comida formal– y una vajilla cuidada y limpia, con los cubiertos, copas, platos, etc. correctamente colocados[16]. En ocasiones, estas normas no han de tenerse en cuenta: por ejemplo, si es una comida informal en el jardín, el cumpleaños de unos niños, etc., se pondrán servilletas de papel, la comida no tiene por qué hacerse sentados, los comensales quizás ayuden a recoger las cosas y llevarlas a la cocina...
- ❖ Se debe tener en cuenta dónde se sentará cada invitado para que disfrute y esté más cómodo. Si no se

---

[16] Sobre este aspecto, cada vez es más común en programas específicos de televisión encontrarnos con sugerencias y pautas orientativas para presentar del modo más adecuado estas actuaciones protocolarias en la mesa.

conocen entre sí, deben presentarse y situarlos por afinidad de gustos, profesiones, edades, etc. Aunque las normas protocolarias son claras, debe primar el sentido común y lograr que los comensales tengan una agradable compañía.

❖ Crear un clima cálido en el que se eviten los temas controvertidos, las discusiones o enfrentamientos; no insistir a los invitados para que coman más si no les apetece; si hay niños pequeños, procurar que tengan un sitio y elementos apropiados para jugar después de la comida y que no incomoden a las personas mayores; no alargar la reunión más de lo necesario y permitir que los invitados marchen cuando lo crean conveniente.

Lo más importante, en definitiva, no es tanto el saber hacerlo bien como el haber intentado que las personas queridas pasen un buen rato juntas.

OCIO Y ALCOHOL

Un buen número de personas asocia diversión, momentos de ocio y alcohol. Aunque éste no sea malo si se bebe con mucha moderación, no de forma habitual y con las debidas precauciones, hay que saber que es una sustancia tóxica, adictiva, que puede ocasionar serios problemas sanitarios, sociales, familiares, personales, profesionales a las personas que lo consumen sin las debidas condiciones (Megías, 1999; Sueiro y Pereira, 1999).

En los últimos tiempos, se ha ido extendiendo entre los jóvenes la costumbre de reunirse en espacios públicos para consumir alcohol. En efecto, cada vez es más frecuente ver parques y jardines ocupados por chicos y chicas con sus botellas de alcohol, adquirido en las tiendas a precio más barato que en los establecimientos de hostelería, bebiendo al aire libre los combinados que ellos mismos preparan. Por lo general, este consumo es mayor que el que se haría en un local, pues es más económico y los vasos empleados suelen ser de gran tamaño. Lo más común es que al acabar la reunión queden gran cantidad de residuos sin recoger en las papeleras o contenedores, lo que, unido al ruido provocado, genera el malestar entre el vecindario que tiene que sufrir las incomodidades de este tipo de diversión. Los jóvenes aducen que con el dinero del que disponen no tienen posibilidad de ir a un establecimiento de hostelería, cuyos precios les parecen abusivos; incluso se organizan "macrobotellones" citando a la gente por Internet o a través de mensajes a los móviles, intentando emular el número de personas reunidas en los de otras localidades. Las autoridades municipales intentan minimizar los impactos de estas reuniones; los responsables sanitarios y educativos hacen lo posible por educar en temas de salud, consumo y valores a niños, adolescentes y jóvenes, pero el problema, por el momento, continúa ahí sin que, al parecer, nadie pueda solucionarlo.

La Fundación de Ayuda contra la Drogadicción (FAD), explica lo siguiente sobre el alcohol y su influencia en la salud[17].

EFECTOS DEL ALCOHOL

El alcohol es un depresor del Sistema Nervioso Central que actúa bloqueando el funcionamiento del sistema cerebral responsable de controlar las inhibiciones. Produce efectos de muy diversa índole que pueden clasificarse como sigue:

• **Orgánicos**. Transcurridos pocos minutos tras la ingesta del alcohol, éste pasa al torrente sanguíneo donde puede llegar a mantenerse durante varias horas y desde el cual ejerce su acción sobre los diversos órganos del cuerpo.

El etanol afecta a todo el organismo, sin embargo uno de los órganos más perjudicado es el hígado; éste cumple con la misión de transformar el alcohol en otras sustancias que no

---

[17] Ver: www.fad.es. (Página consultada el 19 de agosto de 2006).

resulten peligrosas para el sujeto, pero tiene una capacidad limitada: puede metabolizar entre 20 y 30 gramos de alcohol por hora y mientras tanto la bebida circula por la sangre dañando al resto de órganos por los que pasa.

En contra de lo pueda creerse, el alcohol no es un estimulante del sistema nervioso central sino un depresor del mismo, pues a la sensación inicial de euforia y desinhibición, le sigue un estado de somnolencia con visión borrosa, falta de coordinación muscular, aumento del tiempo de respuesta, disminución de la capacidad de atender y comprender, fatiga de los músculos, etc.

• **Psicológicos**. El alcohol afecta a los centros superiores del cerebro o, lo que es igual, a los sentimientos, reflexión, memoria, atención y control social.

Actúa bloqueando el funcionamiento del sistema cerebral responsable de controlar las inhibiciones. Al verse estas disminuidas, el sujeto se siente eufórico, alegre, con una falsa seguridad de sí mismo que le puede conducir en ocasiones a la adopción de conductas temerarias.

La ingesta excesiva produce falta de coordinación, lentitud en los reflejos, vértigo e incluso visión doble y pérdida del equilibrio.

EL CONSUMO EXCESIVO DE ALCOHOL

El consumo excesivo de alcohol produce acidez de estómago, vómitos, diarrea, descenso de la temperatura corporal, sed, dolor de cabeza, deshidratación...

Si las dosis ingeridas han sido muy elevadas se puede desencadenar una intoxicación etílica aguda.

• **Intoxicación Aguda**. Tras beber grandes cantidades de alcohol, éste llega al poco tiempo al cerebro y provoca los síntomas de embriaguez en sus diversas fases.

El alcohol afecta a los sentimientos, los procesos de reflexión, la memoria, la atención, control y actuación social. Al bloquear el control de las inhibiciones, el sujeto se siente eufórico, alegre, con una falsa seguridad en sí mismo que le puede conducir en ocasiones a cometer imprudencias o a adoptar conductas temerarias.

Los casos más graves de intoxicación determinan pérdida de conciencia, coma e, incluso, muerte por depresión cardiorrespiratoria.

El consumo crónico conlleva alteraciones de diversa naturaleza:
- Cerebro: degeneración y atrofia.
- Sangre: anemia, disminución de las defensas, etc.
- Corazón: alteraciones cardíacas (miocarditis).
- Hígado: el alcoholismo es una de las principales causas de hepatopatía que suele manifestarse en forma de hepatitis o cirrosis.
- Estómago: gastritis, úlceras, etc.
- Páncreas: inflamación y degeneración.
- Intestino: trastornos en la absorción de vitaminas, hidratos y grasas que provocan cuadros carenciales.
- El consumo habitual por parte de la mujer embarazada puede dar lugar al llamado síndrome alcohólico-fetal caracterizado por malformaciones, bajo cociente intelectual, etc.

PRECAUCIONES

Tener en cuenta:
- La edad: en menores o personas de edad los efectos son más nocivos.
- El peso: a menor peso corporal los efectos son mayores.
- El sexo: el menor peso y masa corporal y la distinta constitución de las mujeres provoca un mayor efecto del alcohol. Si se ha comido anteriormente, se reducirán los efectos del consumo.
- La velocidad de consumo: a mayor rapidez en la ingesta, mayores efectos.

- Los efectos de algunos medicamentos pueden verse potenciados, e incluso, a veces, presentar efectos imprevisibles, al ser combinados con el alcohol. No mezclar con: psicofármacos, relajantes musculares, antihistamínicos, analgésicos, antitusígenos, antidiabéticos y antibióticos.
- No sobrepasar el consumo de riesgo: en general para la mujer está situado en 3 unidades de bebida al día (14 a la semana) y para el hombre en 4 (21 a la semana). Estos niveles se alcanzan de distinta forma dependiendo de la graduación (concentración de alcohol) de cada bebida. Una unidad de bebida es un vaso de vino, una cerveza ("caña") o una copa de cava. Una copa de vermouth o jerez, de bebida destilada (ginebra, ron o whisky) o un combinado son 2 unidades de bebida.
- Evitar el consumo en situaciones de riesgo como el embarazo, la conducción, la realización de trabajos o actividades que requieran especial destreza o riesgo.
- No consumir bajo ninguna condición si se padecen enfermedades como: epilepsia, depresión o alteraciones hepáticas.
- Existe un límite que señala el nivel de alcohol permitido para la conducción. El consumo de alcohol por encima de estos niveles y la conducción puede traer problemas legales además de riesgos personales.
- En caso de intoxicación, las duchas frías, el café, hacer ejercicio, tomar el aire o tomar estimulantes no disminuyen el efecto del alcohol.

Considerar estas alternativas:
- No beber antes de conducir, ni montarse en un vehículo con un conductor que haya bebido, intentar que esta persona no conduzca.
- Decidir de antemano la bebida que se va a tomar. No por no saber qué beber, consumir una bebida alcohólica.
- Beber por el sabor, no por el efecto del consumo.
- Tomar tragos cortos, beber despacio.

- No tener siempre el vaso en la mano, dejarlo en la mesa.
- No consumir en ayunas.
- No combinar distintos tipos de bebidas alcohólicas.
- Después de una bebida alcohólica tomar otra sin alcohol.
- Rechazar el consumo de bebidas en alguna ronda.
- Intentar no perder el control sobre la cantidad de alcohol ingerido que fácilmente se puede perder por el efecto de la bebida, así como del consumo de otras sustancias.

PROPUESTAS PEDAGÓGICAS

Una actividad que debemos realizar por obligación para poder vivir, comer, puede ser motivo de disfrutar en los ratos libres.

En torno a la comida y la bebida surgen planes divertidos en los que se comparten buenos momentos con los amigos, la familia, los compañeros de estudio o de trabajo...

En esta ficha podrás descubrir diversos aspectos relacionados con la comida y la bebida que pueden influir en tu tiempo libre.

1. Confeccionar una relación de los platos preferidos de las personas de la clase.
    - ¿Cuáles se repiten más?
    - ¿Cómo son respecto a su elaboración: sencillos, complicados, corrientes, exóticos, baratos, caros...?
    - ¿Las comidas elegidas pertenecen a la dieta mediterránea o a la comida basura? ¿Por qué creéis que se eligen esos platos?
    - Las personas de clase que sepan cómo hacerlos, pueden dar la receta a las otras que lo ignoren y quieran probar a elaborarlos.

2. No todas las personas de todas las culturas comen lo mismo. Te sorprenderá conocer algunos alimentos que se cocinan en algunos lugares. Puedes buscar en Internet recetas exóticas y comentarlas con tus compañeros de clase[18].

3. Mucha gente aprovecha los ratos libres para ir a las fiestas gastronómicas de distintos lugares.
   ¿Conoces alguna de ellas? ¿Cuál es el producto que se consume?
   Entre toda la clase, hacer un mapa gastronómico de España en el que aparezcan todas las fiestas relacionadas con la comida y la bebida.
   ¿Qué influencia económica, turística, social, antropológica tienen este tipo de fiestas? Hacer un estudio sobre las mismas, con las indicaciones del profesor o profesora.

4. A menudo, las personas se reúnen para comer. Piensa un poco en esas ocasiones y trata de responder estas preguntas:
   - ¿Qué se come normalmente en las romerías, fiestas al aire libre o de los pueblos?
   - ¿Y en las excursiones?
   - ¿Y en los cumpleaños?
   - ¿Cuál es la comida y bebida típica de la Navidad?
   - ¿Qué postres se suelen tomar por Carnavales, Todos los Santos, Pascua, la primavera, el verano?
   - ¿Es habitual tomar algo cuando se va al cine?

5. Piensa en los demás.
   - Compara la cantidad y variedad de comida y bebida de la que disponemos con la que tienen las perso-

---

[18] En www.educalia.org. (Página consultada el 19 de agosto de 2006), puedes encontrar comidas de todo el mundo.

nas sin recursos, bien cerca de nosotros, bien en lugares más pobres. ¿Qué te parece esta situación?
- Abrid un debate proponiendo qué podéis hacer para remediar dicha situación.
- Escribe lo que piensas que puedes hacer tú para que esto no ocurra. No olvides que, aunque sea poco, siempre se puede hacer algo.

Lo que puedo hacer para mejorar esta situación:

1	
2	
3	
4	
5	

6. Aunque el alcohol bebido con moderación no es malo, muy a menudo, la gente lo ingiere poniendo en peligro su salud y la de los demás.

Repartidos en grupos, elaborad un trabajo sobre esta sustancia adictiva. Podéis serviros de esta pauta para hacerlo. No os olvidéis de llegar a unas conclusiones y proponer alguna solución a los problemas que hayáis descubierto.

- ✓ Consumo de alcohol en los jóvenes: estadísticas, edades de iniciación, influencia en chicos y chicas, etc.
- ✓ El alcohol y la publicidad.
- ✓ Facilidad o dificultad del acceso al alcohol en casa, en los lugares de diversión, en las tiendas.
- ✓ *Jóvenes, alcohol y tráfico.* Podéis ver el vídeo editado por la Dirección General de Tráfico (DGT) con este mismo nombre y comentarlo entre toda la clase. Igualmente os invitamos a que conozcáis la última campaña de esta institución titulada, *Ponte un cero.*
- ✓ El alcohol, una droga tolerada.
- ✓ Ocio y bebidas alcohólicas: alcohol y discotecas; el deporte y el alcohol; el consumo de alcohol en los fines de semana...
- ✓ Los peligros del alcohol.

7. La degustación de la comida y la bebida son un modo de estrechar relaciones sociales y familiares. Con ello se favorecen el clima de comunicación entre la gente, especialmente en los ratos de ocio.

Podéis preparar una comida para las personas de la clase, aportando cada uno los elementos necesarios para pasar un buen momento. Recordad que además de la comida hace falta la vajilla, los cubiertos, la decoración, la música, si os gusta...

Al acabar, se pueden organizar actividades que hayáis programado para divertiros: adivinanzas, cuentacuentos, chistes, juegos por equipos, video forum, etc.

¿Cómo te has sentido con esta actividad? _____

¿Has disfrutado? ¿Por qué? _____

¿Podrías incorporar a tu tiempo libre momentos como estos para disfrutar con tus amigos y amigas? ___
_____
_____

8. Compartir es ganar. Con este lema, puedes invitar a participar a otras clases de tu centro para que se sumen a esta actividad. Verás que es una actividad que sirve para unir mucho a la gente y además es sana y divertida.

Cada persona de la clase se compromete a traer una comida que pueda compartir con los demás en la hora del recreo y que sea una alternativa a la comida basura. Se pueden llevar pasteles y bollería no industrial, cakes, dulces con frutas, empanadas, empanadillas, emparedados, sandwiches o bocadillos, frutas de la temporada, zumos variados,...

Cada día uno o más alumnos llevan el tentempié que hayan hecho, teniendo en cuenta que haya suficiente cantidad para que todos puedan probarlo.

La actividad se puede hacer extensiva a otras ocasiones; por ejemplo, organizar una jornada de acogida para los chicos y chicas que vendrán al centro el próximo año, animándoles a compartir una merienda en la que tanto ellos como vosotros pongáis comidas y bebidas, y en la que podáis conoceros un poco más.

Lo mismo puede hacerse a principio de curso entre toda la clase, o con motivo de alguna fiesta escolar.

14. El turismo y el ocio

INTRODUCCIÓN

Cuando una persona o un grupo de personas decide viajar en su tiempo libre demuestra una serie de actitudes ante la vida y los demás que son dignas de tener en cuenta.

Desde el momento en que alguien opta por desplazarse a un lugar para hacer turismo y conocerlo, hay una serie de aspectos que hablan sobre esa persona.

En primer lugar, cabe preguntarse el motivo de su viaje: ¿Va a descansar, a hacer turismo de salud en un balneario, turismo de negocios y congresos, espiritual?, ¿pretende conocer el arte de un lugar?, ¿quiere admirar los paisajes de una zona elegida...?

A veces, los motivos se entrecruzan, y en la mayoría de los viajes turísticos destaca el interés por el descanso y el disfrutar del lugar de destino.

Para hacer turismo, hay que seleccionar el lugar al que se quiere ir, buscar información sobre el mismo, delimitar el modo de desplazarse hasta él, localizar un alojamiento, conocer lo que el lugar elegido ofrece al viajero, etc. (Buitrago, 2002: 31-36).

Aunque hay personas que se dejan llevar a un destino turístico de una forma un tanto pasiva, la mayoría va a ese lugar porque está interesada, demuestra una actitud abierta, activa, proclive a conocer otros lugares, costumbres, personas, lo cual favorece el intercambio entre las mismas, y la mejora de las relaciones entre la gente.

A su vez, cuando un sitio recibe turistas, cambia sus hábitos y costumbres: debe atenderlos bien, puesto que estos contribuyen al beneficio de la economía local al favorecer la creación de puestos de trabajo, las ventas y servicios de todo tipo, etc.

Cuando un turista llega a un lugar, lo más frecuente es que realice algún gasto: un carrete, tarjeta o pilas para la máquina de fotos, el pago de la entrada en un museo, la consumición en un bar o restaurante, el desplazamiento en un medio de transporte, y otros muchos servicios que necesite.

Los lugares turísticos tienen mejores infraestructuras que los lugares con bajo nivel de visitantes: se construyen buenos accesos, estaciones de tren, de autobuses, autopistas, aparcamientos, y todo lo necesario para facilitar la llegada de las personas que van a contribuir al desarrollo económico del lugar.

TURISMO Y VALORES

Si una persona decide ir a un lugar o volver a él es porque cree que le aporta algo bueno o interesante: se encuentra a gusto en ese entorno por lo que le ofrece en el plano cultural, creativo, de sus aficiones, etc. Cuando se ha sentido bien allí, es posible que repita la experiencia y la dé a conocer a sus allegados, recomendando la visita a ese lugar, museo, restaurante o campo de golf, pues considera que ello mejora su calidad de vida. Si alguien está bien en un lugar compartirá con los que tienen sus mismos valores lo que a él le ha parecido beneficioso y le produjo satisfacción. De este modo, se crean unos circuitos basados muchas veces en las aportaciones personales de turistas que recomiendan lugares valiosos a otros que también sabrán apreciarlos.

Aunque hay personas que se dejan llevar de un sitio para otro sin poner demasiado interés en el lugar que van a ver, la mayoría de las personas que tienen ganas de conocer un sitio, demuestran interés, capacidad de relacionarse con los demás, deseo de intercambio con otras gentes, y otros valores afines, que hablan a favor de las mismas.

El turismo se puede vincular con el concepto de calidad en la medida en que éste ofrezca al turista lo que él esperaba encontrar en el momento en que decidió acercarse a aquel lugar. Esta calidad a veces es incompatible con la cantidad: no se trata de ver muchas cosas, visitar multitud de lugares, sino de hacerlo con gusto, disfrutando, valorando lo que se ve, y buscando más la intensidad que la cantidad. Por ejemplo, una persona a la que le satisfaga visitar una catedral para contemplar su museo sacro gozará más si lo hace con calma, bien documentada, sin prisas ni multitudes, que si –por un mal entendido aprovechamiento del viaje– pretende conocer también todos los museos de la ciudad, los parques más sobresalientes y el ambiente nocturno. Para que exista el valor de la calidad, generalmente es necesario seleccionar y dejar atrás visitas o actividades que no aportan demasiado para las expectativas reales del turista, que son las que le van a proporcionar verdadera satisfacción.

Con los medios que existen actualmente para conocer los sitios, por ejemplo, a través de Internet, lo más aconsejable es hacer una selección de lo que se quiere ver antes de salir de casa con el fin de aprovechar al máximo al haber sabido elegir lo que se iba a ver. Además, en muchos casos, cabe la posibilidad de volver a un lugar para visitar en otra ocasión lo que no dio tiempo antes.

MODOS DE TURISMO

En los años 1950, predominó el llamado "turismo de sol y playa", basado en la búsqueda del descanso en los lugares de costa, con el fin de desconectar de las actividades cotidianas y del trabajo. Aunque a veces se critica esta forma de turismo, por parecer poco "culta" o comprometida y superficial, es tan buena y legítima como el resto pues cumple la función de proporcionar descanso en los momentos de ocio de muchas personas necesitadas del mismo, y que no disfrutarían con otras actividades turísticas que otros consideran como de mayor calidad.

Con el paso del tiempo, el cambio de hábitos vacacionales y la generalización de los viajes a buenos precios, el turismo ya no es una actividad reservada a unos privilegiados, sino que está al alcance de grandes segmentos de la población, de tal manera que en España el turismo representa la cuarta parte de la riqueza nacional, y se encuentra entre los diez primeros países turísticos del mundo.

El turismo, pues, no se limita al de sol y playa, sino que abarca otras dimensiones, como señala Manuel Cuenca Cabeza (1998: 259-261), especialista en el tema. Estas dimensiones son:

- ❖ Dimensión lúdica: ruptura con lo cotidiano.
- ❖ Dimensión ambiental-ecológica: que abarca el turismo rural, el agroturismo y el turismo ecológico.
- ❖ Dimensión cultural: que conlleva la restauración y conservación de entornos urbanos, edificios antiguos, museos, etc.
- ❖ Dimensión festiva: muchas personas se desplazan a lugares turísticos para participar en las fiestas locales, patronales, gastronómicas, históricas.
- ❖ Dimensión solidaria: encuentro con otras personas que comparten los mismos gustos o aficiones, gente que dedica su tiempo de vacaciones a ayudar en países en vías de desarrollo, etc.

Por otra parte, cabe hacer otra clasificación, tradicional, del turismo, atendiendo a sus fines o lugares en que se lleva a cabo:

- ❖ Turismo de sol y playa: se buscan los lugares cálidos, con buen clima, para disfrutar del mar.
- ❖ Turismo de negocios y congresos: con motivo de una actividad profesional como es ir a un congreso o a realizar un negocio, se aprovecha para visitar un lugar.

- Turismo de fiestas: las personas se desplazan a determinado lugar durante las fiestas del mismo.
- Turismo cultural: es uno de los mejor valorados, al menos en teoría, y es el que se basa en el conocimiento de un lugar por las aportaciones que en el plano cultural puede favorecer a los turistas. El concepto es muy amplio, y puede englobar desde la visita a los museos, pinacotecas, festivales de teatro o música clásica, hasta conocer el casco histórico de ciudades Patrimonio de la Humanidad, monumentos, jardines botánicos....
- Turismo religioso: el que se hace para conocer un lugar por motivos de fe, como asistir a una romería, visitar una iglesia, hacer el camino de Santiago, etc.
- Turismo de montaña: muchas personas van a este lugar a practicar deportes como el esquí, la escalada, el rafting o el parapente, senderismo, y otros, en contacto con la naturaleza.
- Turismo rural: la gente que vive en la ciudad valora mucho el disfrutar en pleno aire libre y tiene una posibilidad de hacerlo a través de este tipo de turismo, que la acerca a los paisajes, a las actividades agrícolas y ganaderas, viviendo en campings, casas rurales, pequeños hoteles familiares en medio del campo.

¿CÓMO HACER TURISMO?

De sol y playa: elegir un lugar, si es posible, no muy masificado, para poder disfrutar más, sin los inconvenientes de las aglomeraciones. Proteger el medio ambiente como si fuera algo personal, propio. Tener cuidado con el sol, y considerar sus peligros. En la playa, prestar atención de las indicaciones de los socorristas, y en caso de peligro, no bañarse. Hacer ejercicio en la playa: natación, caminar, jugar a las palas, etc.; desechar una actitud pasiva que se limite a ponerse al sol con los riesgos consiguientes.

De negocios y congresos: el desplazarse a una zona para asistir a un congreso, un negocio, una actividad profesional puede ser una buena ocasión para conocer ese sitio. Conviene informarse acerca de lo más sobresaliente del mismo para visitarlo si queda algo de tiempo después del trabajo o congreso.

Turismo de fiestas: muchas personas van a un lugar atraídas por sus fiestas. Hay que saber respetar el buen ambiente que haya en ellas, las costumbres propias del sitio, la limpieza, el mobiliario urbano, etc. Corresponder a la hospitalidad de los habitantes del lugar con agradecimiento y amabilidad.

Turismo cultural: los hombres han dejado la impronta de su cultura a través de múltiples manifestaciones, lo que motiva que muchas personas se desplacen a determinados lugares para conocerlas.

El turismo cultural comprende aspectos como la asistencia a conciertos o espectáculos musicales, visita al casco histórico de una ciudad o pueblo, a un museo, a un monumento emblemático....

Cuando se hace este tipo de turismo, hay que pensar que lo más importante no es la cantidad, sino la calidad: es preferible ver detenidamente un museo y disfrutar de él que pretender visitar varios sin valorar ni apreciar lo que ofrecen.

Antes de realizar las visitas, conviene conocer lo más posible (horarios, historia, características, peculiaridades...) para poder aprovechar más lo visitado.

También es necesaria una actitud de apertura, de valorar lo que otras personas han hecho en el ámbito cultural, que puede ser muy diferente a lo que conocemos, e igualmente valioso e interesante.

Turismo religioso: la religiosidad de la gente ha dejado en los más diversos lugares su huella: ermitas, santuarios, catedrales, monasterios, acogen no sólo bellas obras de arte en sí mismas, sino la manifestación de los sentimientos religiosos de los pueblos. Muchas personas se dirigen a estas zonas bien para conocerlos, bien para rezar y participar en los actos de culto. En ambos casos, el respeto por los lugares sagrados debe ser el denominador común para todos.

Turismo de montaña: las personas que no estén familiarizadas con la montaña deben asesorarse por expertos si desean realizar alguna excursión que pueda entrañar cierto riesgo. Al menos, deben ir con la ropa y el calzado adecuado, llevar mapas de los sitios por los que irán y evitarán las imprudencias.

El respeto por el medio ambiente y la valoración de la naturaleza son dos normas que deben integrar el turismo de montaña.

La práctica de deportes de riesgo debe hacerse con las normas de prudencia necesarias y evitando peligros en la medida de lo posible. Sería absurdo que buscando un rato de descanso y placer se pusiera en entredicho la propia seguridad.

Turismo rural: es el que se realiza en contacto con la naturaleza, para disfrutar de la misma. Por lo general, se persigue el descanso y la tranquilidad que el campo puede proporcionar lejos de las grandes aglomeraciones urbanas.

El respeto al medio ambiente, el adaptarse al ritmo de vida del campo, a sus beneficios e incomodidades es imprescindible para hacer este tipo de turismo rural.

PARA SER UN BUEN TURISTA

Para hacer turismo no se requieren grandes inversiones monetarias, ni gran cultura o mucho tiempo. Lo que más cuenta, es la *actitud* con la que se viaja a un lugar para conocerlo, descansar, visitar un monumento emblemático o tomar contacto con el lugar.

Antes de comenzar el viaje, si es posible, es bueno recabar la mayor información sobre el sitio al que se va, tener *previsión* para arreglar la documentación precisa: cartilla sanitaria, pasaportes, reserva de hoteles y medios de transporte, vacunarse si fuera necesario, etc.

La actitud del turista debe ser de *respeto* por lo que se le ofrece en el lugar de llegada: no sólo es bueno y bonito lo de su lugar de origen. Debe pensar que todas las cosas, por extrañas u originales que parezcan a sus ojos, según su mentalidad, tienen una razón de ser. Quizás le llamen la atención las comidas, la estructura de la ciudad o el pueblo, las costumbres o cualquier otro aspecto del sitio que visita: aunque la primera reacción pueda ser de crítica o rechazo, lo inteligente es preguntarse la razón de ser de eso que llama la atención, que probablemente tendrá una explicación lógica y sencilla. Las cosas no sólo se pueden ver desde un único punto de vista y viajar abre la mente y hace conocer otras formas de la realidad tan buenas o mejores que las que ya conocemos.

El viajero debe intentar *disfrutar,* ir con una *actitud positiva,* valorando las cosas buenas que se le ofrecen, pensando en la suerte que tiene de poder hacer el viaje, porque ha dispuesto de la salud suficiente, los recursos y el tiempo necesarios, etc. Una de las finalidades de practicar el turismo en los momentos de ocio es divertirse, solazarse, y si el viajero se queda en los pequeños contratiempos que surgen cuando está fuera de casa, no será capaz de disfrutar y admirar lo que se le ofrece en el lugar de destino.

Cuando se hace turismo es necesario tener *curiosidad e interés* por aprender lo que oferta el sitio de acogida: costumbres, personas, lugares, arte, religión, música, gastronomía, paisajes, todo es digno y valioso si se ve con ojos de interés por lo que es diferente a lo que ya conocemos.

Deseos de *compartir* lo bueno del viaje con las personas que nos acompañan o las que se conocerá en el mismo. Una actitud de solidaridad con quienes van a ayudar a que nuestra estancia sea agradable es una buena muestra de ser buenos turistas: tener paciencia en las colas de las visitas, no quejarse ante las pequeñas contrariedades, echar una mano a los que viajan con nosotros en lo que necesiten, tratar con cordialidad a quienes nos prestan un servicio en los restaurantes, hoteles, transportes, etc.

PROPUESTAS PEDAGÓGICAS

Posiblemente hayas salido alguna vez de casa para conocer un lugar de interés: un paisaje bonito, un museo, una exposición, unas fiestas, una catedral, una ciudad cercana... En mayor o menor medida, has hecho algo de turismo en tu tiempo libre, bien de modo personal, bien con unos amigos, con tu familia, con una asociación, etc.

En esta ocasión, vamos a analizar algunos aspectos de esta actividad, el turismo, que se puede realizar en el tiempo de ocio.

1. Señala qué lugares has visitado y con qué motivo: verlos, conocer un monumento, turismo rural, asistir a una competición deportiva, etc.

Lugar visitado	Motivo

2. Compara los lugares a los que has ido con los visitados por otros dos compañeros de la clase:

¿Hay lugares en común? ¿Qué os llevó al mismo sitio? ¿Coincidís en valorar los mismos aspectos positivos y negativos de esa visita?

3. Recomienda varios sitios que conozcas y di por qué sería bueno visitarlos: por su paisaje, su gastronomía, el ambiente de diversión, los monumentos, los museos, las calles o jardines,...

4. ¿Recuerdas algo que en una visita o viaje te llamara mucho la atención? ¿Qué fue y por qué te impactó?

5. Dividida la clase en grupos, realizar el siguiente trabajo:
- ✓ Guía turística de la zona en la que residís. Lugares de interés, museos, monumentos, edificios, paisajes....
- ✓ Guía de actividades que un turista puede realizar en los sitios cercanos a los que vivís.
- ✓ Guía de medios de transporte con los que moverse para hacer esas actividades turísticas.
- ✓ Guía de recomendaciones para ser un buen turista.
- ✓ Galería de fotos para desarrollar el turismo que nos hemos propuesto.

6. ¿Sabrías planear un viaje con fines turísticos?
Explica qué es:
Temporada alta, baja y media.
Vuelo chárter y regular.
Alojamiento en régimen de media pensión, pensión completa, alojamiento y desayuno.
Diferencias entre alojamientos como hotel, hostal, pensión, albergue, casa rural, camping, residencia.

7. Diseña un viaje que te gustaría llevar a cabo, detallando el recorrido, las fechas, el precio, los medios de transporte utilizados, el equipaje y todo lo que vas a visitar.
Ten en cuenta, si vas a un lugar en el extranjero, de vacunarte si es necesario, cambiar la moneda, llevar pasaporte, etc.

Recuerda que para los estudiantes existen descuentos en los transportes, museos, algunos establecimientos, y señala –si vas a hacer uso de los mismos–, cómo se consiguen estos descuentos.

8. En qué lugares de España y/o de tu Comunidad se puede hacer turismo:
- ❖ De sol y playa.
- ❖ Religioso.
- ❖ De congresos y negocios.
- ❖ Cultural.
- ❖ Festivo.
- ❖ De montaña.
- ❖ Rural.
- ❖ Termal.
- ❖ Otros.

9. ¿Qué ventajas tiene para un lugar ser muy visitado por los turistas?

¿Y cuáles son los inconvenientes?

10. ¿Cuál debe ser la actitud de las personas cuando viajan a un lugar para hacer turismo?

¿Y la de las que las reciben en su pueblo, ciudad, comarca....?

¿Qué quiere decir "Saber visitar y saber recibir"?

15. Música, baile y tiempo libre

INTRODUCCIÓN

La música no sólo es una de las Bellas Artes, un modo de relacionarse con los demás, sino una de las mejores maneras de disfrutar en el tiempo libre, escuchándola para relajarse, animarse, amenizar un rato con los amigos o la familia; en definitiva, para disfrutar.

Hace más de 2000 años, en la Roma clásica, los estudiantes dividían sus conocimientos en dos partes, llamadas Trivium y Quadrivium. En la primera, dedicaban su tiempo a la Gramática, Retórica y Dialéctica, y en el Quadrivium investigaban sobre Aritmética, Geometría, Astronomía y Música.

La música era considerada una parte importante de la formación de los escolares, y estaba muy relacionada con las matemáticas; de hecho, en la escuela pitagórica, la música era uno de los estudios que se realizaban.

La música no es sólo un arte, sino una forma de expresión de los sentimientos de las personas, que se manifiestan a través de múltiples recursos.

LA MÚSICA EN LA VIDA DE LAS PERSONAS

Antes de nacer, en el útero materno, el feto es capaz de oír los sonidos, y no sólo de oírlos, sino de distinguirlos. Hay numerosos estudios acerca de las reacciones del feto cuando escucha determinadas músicas, como el heavy-rock, que le excitan y le ponen nervioso, lo que le lleva a dar patadas en el vientre materno, y la música de Mozart, que le hace relajarse y mecerse en el líquido amniótico plácidamente.

Una vez en el mundo, las madres principalmente, cantan a los recién nacidos, para que se duerman, para tranquilizarlos, para que jueguen y realicen determinados ejercicios o movimientos, etc.

A medida que los niños van creciendo, se les enseñan canciones para acompañar sus juegos infantiles, para divertirlos, para que vayan aprendiendo a hablar, o bien para que reconozcan los sonidos que hacen los animales o las cosas... También se cantan canciones en determinados cuentos y los que son llevados al cine, como *Blancanieves y los siete enanitos*, de David Hand (USA, 1937); *El rey león*, de Rogers Allers y Rob Minkoff (USA, 1994); *Pocahontas,* de Mike Gabriel y Eric Goldgerg (USA, 1995); *Buscando a Nemo,* de Andrew Stanton, Bob Peterson y David Reynolds (USA, 2003); *Hermano oso*, de Aaron Blaise y Robert Walker (USA, 2003); *Robots*, de Chris Wedge y Carlos Saldanha (USA, 2005); *Happy feet*, de George Milla (USA, 2006) y otros muchos, tienen también sus propios temas musicales, que alcanzan una gran fama.

Además, especialmente en épocas navideñas, las casas discográficas lanzan al mercado discos especiales para niños, o bien de cantantes infantiles o con adaptaciones de temas conocidos de programas televisivos para los más pequeños, de los *Pitufos*, *Barrio Sésamo*, los *Lunnis,* etc.

Muchos de los juguetes que usan los niños incorporan melodías musicales que los hacen más atractivos.

Con el paso del tiempo, al llegar a la adolescencia, el elemento musical llena la vida de los jóvenes: los cantantes y grupos encuentran entre ellos a sus más fervientes admiradores, que escuchan su música, van a sus conciertos, ven sus vídeos, conocen su vida, en definitiva, que los admiran, apoyan y sustentan. La adolescencia es una etapa muy marcada por el predominio del mundo afectivo, de los sentimientos, más que por el raciocinio. La música es muchas veces el más potente motor para expresar los sentimientos de los adolescentes y jóvenes: el amor, la amistad, la insatisfacción e inconformismo, el idealismo, el deseo de cambio... y en la música se refugian cuando necesitan expresar a los demás o a uno mismo esos deseos.

Con el paso del tiempo, la música empieza a ser parte de la biografía de las personas, y determinadas melodías se adscriben a situaciones más o menos agradables, pero ya instaladas en el recuerdo. Por eso tienen tanto éxito los recopilatorios de canciones o temas del pasado, porque devuelven una parte de la vida de las personas, que añoran con cariño y nostalgia (Sanz, 2006: 206-216).

Las personas mayores acompañan muchos ratos de soledad escuchando música, cantando viejos temas que las hacen vivir en su mundo mejor, idealizado, o enseñando a otros más jóvenes de la familia, canciones que pertenecen a su esfera personal para que no caigan en el olvido (Torrego, 1999).

MÚSICA Y OCIO

En compañía de la música, el tiempo libre se hace más agradable y se puede disfrutar de ella (Plaza y Felipe, 2000):

Escuchándola solos o acompañados de otras personas:
- ✓ Asistir a conciertos de música clásica, popular, étnica.
- ✓ Espectáculos como la ópera, la zarzuela, los musicales.
- ✓ Participar en conciertos de música rock, jazz, pop, flamenco, etc.
- ✓ Escuchar un cantante, grupo musical, coral, coro.
- ✓ Presenciar una banda en un concierto al aire libre, en un palco de música, en un pasacalles, en un desfile, en una procesión...
- ✓ ...

Haciendo o interpretando música: muchas personas saben componer canciones, tocar algún instrumento musical, cantan en un coro, pertenecen a una banda de música o un grupo folklórico.

Estudiando acerca de la música: hay quienes se interesan por recoger canciones y músicas para que no se pierda el acervo cultural del que forman parte. Otras, recuperan maneras antiguas de tocar y recrean antiguos instrumentos.

Los folkloristas musicales buscan, reponen y catalogan las canciones que expresaron el sentir de un pueblo durante años y años de su historia, con el fin de que las siguientes generaciones puedan disfrutar de ellas.

Los pinchadiscos o DJs seleccionan la música mejor y más adecuada a los gustos del público de la radio y de las discotecas para que éste pueda divertirse con una música de calidad en sus ratos libres.

¿Dónde y cómo disfrutar de la música?

Además de poder cantar una persona para sí misma o para los demás, en su casa, cuando realiza determinados trabajos, para hacerlos más llevaderos; en las reuniones sociales, etc., también puede beneficiarse de ella en otros momentos.

Al viajar, la música puede hacer más placentero el desplazamiento en el coche, tren, u otro medio de transporte. La facilidad de escuchar música sin molestar a los demás con unos auriculares, facilita su goce en los más variados momentos.

Mientras se realizan determinados ejercicios físicos (caminar, correr, aeróbic, senderismo...) se puede aprovechar para oír la música preferida.

Algunas personas la oyen mientras estudian, pero los expertos lo desaconsejan, porque se disminuye la concentración en la tarea de estudio. Sin embargo, no es incompatible con la realización de aficiones manuales que no requieran una especial atención, como el bricolage, la costura, la pintura, y otras similares. Suele incluso favorecer la motivación y la creatividad.

Además de recrearse de la música en directo, con los conciertos de todo tipo, la mayoría de la gente, especialmente la joven, tiene la posibilidad de acercarse a ella en los pubs y discotecas.

La asistencia a la discoteca los fines de semana es una de las actividades más recurrentes entre los jóvenes de todos los sitios. La discoteca es para muchos el lugar de encuentro con su grupo de amistades, donde se relacionan, bailan, se enamoran, entablan relaciones...

Una de las desventajas de la música de las discotecas es el volumen al que se pone, que daña los oídos, y si se escucha reiteradamente a tan alta potencia, hace perder capacidad auditiva. Lo mismo ocurre si se oye con este volumen elevado en cualquier otro lugar, por supuesto. La música a gran volumen provoca la irritabilidad en las personas, especialmente en las que no están tan acostumbradas a escucharla de esta manera.

MÚSICA Y CONSUMO

El mundo de la música mueve en todos los lugares cantidades importantísimas de dinero.

Los cantantes y grupos, a medida que aumenta su fama, cobran considerables sumas de dinero, lo mismo que los compositores con los derechos de autor.

Las casas discográficas invierten en promociones y giras de los cantantes a los que representan y trabajan para sus compañías: para mejorar las ventas organizan entrevistas en los medios de comunicación, difunden publicidad en Internet, en revistas especializadas, etc.

El cine y la música son grandes aliados: las películas llevan su correspondiente banda sonora, que en muchas ocasiones adquiere un gran protagonismo, y se convierte en un acontecimiento musical de primer orden. Tras el estreno de una película, si ésta ha tenido éxito, suele aparecer la banda sonora de la misma con el fin de contentar al público para que pueda seguir disfrutando de ella.

También la publicidad echa mano de la música para hacerse más atractiva. Especialmente los anuncios de televisión seleccionan canciones o temas sugerentes que hagan más apetecible el producto anunciado. En algunos casos, la aparición de cierto tema en la publicidad ha hecho resucitar la carrera de cantante o grupo que lo interpreta. Incluso existen recopilatorios de canciones de anuncios de la televisión.

En la radio también se emplea la música para la publicidad, con el fin de que el mensaje llegue mejor al público. Especialmente en sus inicios, había canciones creadas para publicitar un producto, y que fueron conocidas por varias generaciones de consumidores y radioyentes.

Antiguamente, existieron programas de radio en los que se podían dedicar canciones a una persona para que las escuchase, especialmente, en fechas señaladas, como aniversarios, cumpleaños, onomásticas, etc. De forma residual, aún se pueden escuchar estas dedicatorias en algunas emisoras.

Existen en todo el mundo compositores especialmente dedicados a crear temas para la publicidad en radio y televisión, y en algunos casos, la calidad de los mismos es alta y efectiva, pues hay un gran número de personas que los conocen y relacionan con el producto anunciado.

Entre los regalos preferidos de mucha gente se encuentra la música: CDs, discos de vinilo, casetes, vídeos musicales son los obsequios preferidos de los amantes de la música.

Uno de los usos más comunes de Internet es acceder a ella para escuchar música, bajarla, intercambiar letras de las canciones preferidas, o consultar páginas de los cantantes, grupos o ídolos musicales favoritos.

La asistencia a conciertos con más o menos público es una de las aficiones de muchas personas, sobre todo, jóvenes. Desde el mítico concierto de Woodstock –la madre de todos los conciertos–, en agosto de 1969, en pleno movimiento hippie, al que asistieron más de 400.000 personas, se han organizado en el mundo miles de conciertos para jóvenes. En ellos se concentra una gran multitud, dependiendo de la calidad de los artistas invitados, del lugar donde se lleve a cabo, la época del año, etc.

Algunas personas programan sus vacaciones y sus gastos en función de la asistencia a un espectáculo musical que les parezca interesante. En ocasiones un músico sólo actúa en un lugar de Europa o de España, dentro de su gira, y la gente se desplaza hasta allí con el fin de disfrutar de su música. Todos estos festivales y espectáculos mueven cantidades ingentes de dinero y favorecen el consumismo. Para mucha gente, es también una oportunidad de conocer un lugar al que quizás no hubiese ido si no fuese por la asistencia a dicho espectáculo.

EL BAILE Y LA DANZA

Al igual que la música, la danza sirve para expresar los sentimientos de las personas que la ejecutan, sean estos de alegría, de tristeza, de pasión amorosa, o bien en las danzas rituales, como las de algunos pueblos primitivos.

Desde el principio de los tiempos, los hombres han inventado danzas con las más variadas funciones: contentar a los dioses, pedirles la lluvia, buenas cosechas o caza abundante. Además, ésta ha sido la expresión de sus sentimientos, y una forma de diversión, que continúa en la actualidad.

Baile popular tradicional: la mayoría de los pueblos tienen sus particularidades a la hora de ejecutar los bailes regionales, acompañados de la música correspondiente. Estos pueden ser individuales, por parejas, en grupos más o menos numerosos, y suelen bailarse ataviados con el traje típico del lugar, quedando como demostraciones del folklore de una zona, pues no se bailan en romerías, fiestas populares, etc., como se hacía en su origen. En Galicia, la muiñeira es el baile más conocido dentro de los que componen su folklore; en Cataluña, la sardana es el baile por excelencia; en Aragón lo es la jota; en Madrid, el chotis; en Sevilla, las sevillanas y así, cada lugar tiene su baile propio o más conocido.

Muchas personas dedican su tiempo libre a participar en grupos de baile folklórico y a asistir posteriormente a certámenes, demostraciones, actuaciones en fiestas, etc.

Bailes de salón: hace tiempo, cuando era habitual acudir a salones de baile, la gente sabía bailar determinados bailes de pareja: cha-cha-chá, salsa, merengue, tango, fox-trot, pasodoble, vals... Al desaparecer esta forma de diversión, muchos de estos ritmos fueron olvidados, hasta que se han vuelto a practicar, especialmente por personas que van a escuelas donde pueden aprenderlos, y posteriormente, practicarlos, participando incluso en campeonatos.

Ballet: la danza clásica nunca ha desaparecido, aunque sí ha sido un tipo de baile bastante minoritario, dada su dificultad para poder desarrollarlo: se requiere mucho esfuerzo, dedicación y constancia para hacerlo bien. Sin embargo, el ballet clásico nunca ha dejado de representarse, eso sí, experimentando una constante renovación. Lo mismo puede decirse respecto al llamado baile español[19].

Musicales: nacidos en Estados Unidos mayoritariamente, se han ido extendiendo por Europa, y han experimentado un renacimiento en la actualidad.

En ellos se mezcla el baile y el canto, y son como una obra de teatro cantada y con un destacadísimo papel de la danza, a diferencia de la ópera y la zarzuela, que apenas tienen bailes, y lo importante es el canto.

Hay musicales emblemáticos, como el conocido Cats, que lleva desde 1982 en las carteleras de Londres.

Otras manifestaciones: hay otras expresiones relacionadas con el baile:

Los vídeos musicales: prácticamente toda esta modalidad tiene una coreografía muy bien diseñada, y la mayoría de los cantantes aunan su música a bailes planificados por ellos mismos o un ballet que les acompaña.

Las discotecas: un elevado número de jóvenes declara que la mayor parte de los fines de semana va a una discoteca para divertirse bailando y escuchando música.

---

[19] Recomendamos la película *Billy Elliot* (Quiero bailar), de Stephen Daldry (Reino Unido, 2000) y la Guía didáctica en webs.uvigo.es/consumoetico (Página consultada el 20 de agosto de 2006).

Fiestas populares: hace tiempo, los bailes en verbenas eran una de las principales formas de diversión, especialmente en los pueblos y en las fiestas de los barrios. Aunque no han desaparecido, se han visto muy reducidas, a pesar de que muchos pueblos invierten grandes sumas de dinero en llevar buenas orquestas para las fiestas locales.

PROPUESTAS PEDAGÓGICAS

1. Probablemente te guste la música y sea uno de tus modos preferidos de emplear el tiempo libre. En caso de que sea así, di qué te motiva a escuchar o componerla:

....
....
....
....
....
....
....
....

2. ¿Qué música os gusta? Entre toda la clase, haced una lista de los grupos, estilos, cantantes que más o gusten. ¿Quién es el ganador? ¿Por qué creéis que es el preferido?
   Esta lista se puede elaborar también entre otros compañeros de cursos superiores e inferiores del centro escolar y comparar si hay similitudes o diferencias entre ellas.

3. ¿Qué actividades de la vida se acompañan de la música? Intenta decir todas las posibles y saca las conclusiones oportunas. ¿Qué papel tendrá la música en la vida de las personas?

4. ¿Qué actividades de coleccionismo se relacionan con la música? A partir de esta pregunta, se puede montar una pequeña exposición de objetos vinculados con la música que tengan los alumnos.

5. ¿Qué relación hay entre:
 – la música y las matemáticas,
 – la música y la electrónica,
 – la música y los sentidos,
 – la música y las fiestas,
 – la música y la voz,
 – la música y la tecnología,
 – la música y el baile,
 – la música y el cine,
 – la música y la literatura,
 – la música y la poesía,
 – la música y el teatro,
 – la música y la religión,
 – la música y el deporte..?
Puedes ilustrarlo con fotos, partituras, publicidad, pegatinas, pósters, cómics, etc.

6. Uno de los lugares en los que la música y el baile se encuentran es en las discotecas. Dividida la clase en pequeños grupos, podéis realizar este estudio:
 a) motivos por los que se va a la discoteca,
 b) edades en las que se va a la discoteca,
 c) cómo se relaciona la gente en la discoteca,
 d) tipos de música de las discotecas,
 e) el baile en la discoteca,
 f) los djs y gogós de las discotecas,
 g) la seguridad en la discoteca: señalizaciones, puertas de emergencia, extintores, materiales ignífugos, barreras arquitectónicas...

h) la salud en la discoteca: ingesta de bebidas alcohólicas, drogas, lipotimias, humo, avalanchas, peleas...
i) lo positivo y lo negativo de esta forma de divertirse,
j) otras alternativas a la discoteca.

Al acabarlo, abrir un diálogo para dar la opinión sobre las conclusiones de cada apartado. Algunas sugerencias:

Hablar sobre:
- Las medidas de seguridad (¿sabríais dibujar en un plano las puertas de emergencia, el lugar de los extintores, etc.?).
- La facilidad o dificultad de entablar relaciones personales, conversaciones interesantes en este lugar.
- La salud: tabaco, ruido, peleas, drogas, alcohol, etc.

7. El baile y la música: las personas de clase que participen en alguna de estas aficiones, que cuenten dónde, cómo, por qué las practican, cómo empezaron, qué les aporta... Es una buena ocasión de conocer a los compañeros de aula en sus facetas más personales y descubrir sus gustos.

8. En colaboración con el profesor o profesora de Lengua, buscar poesías para ponerles música, y grabarla.
También se pueden recoger canciones, cantigas, coplas, cantares antiguos que canten las personas mayores de tu familia o entorno para que no se pierdan.

9. ¿Sabes qué eran los "cantares de ciego"? Investiga en Internet e intenta escribir uno, junto con algún compañero, relatando algo que te parezca interesante del centro escolar, un suceso trágico, una anécdota divertida, una pequeña historieta...

El cantar debe ser ilustrado con fotos, dibujos, un collage, etc., al estilo de los que se hacían antiguamente.

10. Hay muchas cosas que se aprenden mejor si se cantan: los ríos y montes, hechos históricos, la tabla de multiplicar, etc.

Pregunta en tu casa a las personas mayores si alguna vez aprendieron así en el colegio y en caso afirmativo, que te enseñen lo aprendido. Incluso puedes grabarlo.

Concurso para la clase: escribir una canción con música original o una ya existente, para aprender algo de determinada materia escolar. Ganará la más ingeniosa y efectiva.

11. En la clase de Tecnología se pueden elaborar algunos instrumentos musicales de fabricación artesanal o inventados por vosotros, como los del grupo *Les Luthiers*.

Asimismo, hacer un recorrido por los inventos relativos a la transmisión de la música: fonógrafo, gramófono, tocadiscos, magnetófono, lector de CD, etc.

12. Muchos pintores y fotógrafos han recogido los momentos en que la gente baila o canta. Recopilad las muestras que os gusten y haced una exposición para todo el centro.

16. El tiempo de ocio y el hogar

INTRODUCCIÓN

Por lo general, la mayor parte del tiempo libre se disfruta en el hogar, realizando actividades como puede ser ver la televisión, leer, jugar o hablar con las personas de la familia.

Estas actividades varían en función de diversos factores, y dependiendo de ellos, cambian los hábitos de ocio.

Hay actividades típicas del sábado, como hacer trabajos en casa, el bricolage, cuidar plantas y animales, ir a oír música, a bailar, leer, telefonear a parientes y amigos...

Otras, se reservan a los domingos y festivos: pasear, ir al bar, tomar copas, descansar sin hacer nada....

Algunas actividades dependen del tiempo: en verano se consume mucha menos televisión, se tiene más contacto con la naturaleza, se sale más...

Los hábitos de ocio, en fin, son distintos en función de diversos factores, pero es indudable que uno de los lugares donde discurre la mayor parte del mismo es la casa.

¿QUÉ HACER EN CASA?

No es lo mismo vivir en la ciudad, donde la oferta de ocio es indudablemente mayor (cines, actividades deportivas, discotecas, boleras, museos, bibliotecas, centros culturales, comerciales, etc. permiten pasar el tiempo libre de muy distinta forma) que en el campo. El contacto con la naturaleza en este medio a veces no es valorado, pues para la mayoría de las personas es su modo de vida y no lo ven como una fuente de ocio ni placer.

En casos en que la gente viva en el campo, pero no del campo, la naturaleza puede ser un medio de disfrute y descanso, realizando actividades como excursiones, senderismo, caza y pesca, salidas para la recolección de frutos como castañas, nueces, moras, setas, flores silvestres, etc.

Es muy distinto el tipo de actividades que se pueden hacer en un piso o en una casa durante el tiempo libre: en las casas a menudo hay mascotas, animales de guarda o compañía, un jardín o huerto, algún lugar para desarrollar trabajos manuales, bricolage, cosa más difícil de realizar en un piso.

En algunas actividades, no existe diferencia del lugar en que se viva, porque pueden desarrollarse indistintamente, aunque tal vez resulte más fácil realizarlas en un espacio amplio que en uno reducido. Por ejemplo, es más gratificante cuidar las plantas en un jardín, pero también se pueden cuidar las de un piso, en sus jardineras o macetas y disfrutar de ello.

LAS ACTIVIDADES CASERAS

Es evidente que una persona puede leer en un transporte público y aprovechar los ratos de desplazamiento, o puede oír música a la vez que corre o camina, pero hay unas actividades de ocio que están más ligadas a su realización en el hogar, de las que se va a tratar a continuación.

Muchas de estas actividades están relacionadas con el mundo de las aficiones, otras, son cuasi-profesiones, como las de bricolage (Ortiz, 2004), jardinería, etc. Son aficiones porque se hacen para disfrutar en el tiempo libre y no tienen fines lucrativos, aunque a veces, algo que empieza siendo una afición acaba siendo el trabajo profesional o la fuente de ingresos de una persona.

AFICIONES DE HOMBRES Y DE MUJERES

Durante mucho tiempo, los hombres han desarrollado unas aficiones diferentes de las de las mujeres, por diversos motivos.

En ocasiones, por tradición, se considera que determinada actividad es de hombres, por ejemplo, la relacionada con el bricolage, y otras son exclusivamente femeninas, como la costura, el bordado, etc. Un tercer grupo se considera que puede ser realizado indistintamente por unas y otros: la jardinería, la pintura, el cuidado de los animales de compañía, la cocina... (Pedrola, 2004).

Lógicamente, cada persona, con independencia de su sexo, puede y debe dedicarse a las actividades que más aprecie, las que mejor se le den o las que le sea más fácil realizar en su tiempo de ocio tanto dentro como fuera del hogar.

No hay diversiones para hombres o diversiones para mujeres, sino para personas a las que les gusta o no realizarlas. Si a un hombre le agrada pasar sus ratos libres ganchillando, es muy libre de hacerlo, lo mismo que una mujer puede dedicarse a un pasatiempo catalogado de "masculino". De hecho, quizás sea bueno probar actividades de ocio *del otro sexo* para ver si gustan y si es así, incorporarlas al elenco de aficiones personales.

ACTIVIDADES DE OCIO EN EL HOGAR: CLASIFICACIÓN

Aunque resulta un tanto complicado establecer una clasificación de lo que se puede hacer en los ratos libres en casa, se podría dar por válida esta: actividades relacionadas con cosas, con personas, con los animales y con las plantas; actividades varias.

Actividades relacionadas con las cosas

En este apartado estarían englobadas todas las asociadas a los trabajos manuales:

- ✓ Bricolage.
- ✓ Arreglar muebles.
- ✓ Pintar.
- ✓ Hacer reparaciones de fontanería.
- ✓ Realizar arreglos de electricidad.
- ✓ Marquetería.
- ✓ Cestería.
- ✓ Trabajos en cuero, madera, metal, vidrio.
- ✓ Decoración.
- ✓ Coser.
- ✓ Bordar.
- ✓ Ganchillar.
- ✓ Hacer punto de cruz, petit-point, encaje de bolillos.
- ✓ Tapizar.
- ✓ Hacer collares, pulseras, anillos, pendientes.
- ✓ Hacer muñecos, marionetas, peluches.
- ✓ Otras.......

Actividades relacionadas con las personas

Se refieren tanto a lo relativo a uno mismo, como puede ser:
- ✓ Leer.
- ✓ Escribir: cuentos, cómics, un diario, cartas, etc.
- ✓ Escuchar o crear música.
- ✓ Pintar, diseñar, dibujar.
- ✓ Relajarse.
- ✓ Ver la televisión, una película de vídeo.
- ✓ Jugar con el ordenador.
- ✓ Higiene corporal más profunda: baño de sales, sauna, etc.
- ✓ Otras actividades......

Como las actividades que se hacen para otras personas, o en su compañía:
- ✓ Hablar con la familia.
- ✓ Recibir a las amistades en casa.

- ✓ Ofrecer comidas a las personas conocidas, amigos, familiares, etc.
- ✓ Celebrar fiestas familiares, locales, religiosas, cumpleaños.
- ✓ Preparar algo entre toda la familia: una excursión, una comida, un viaje, una fiesta sorpresa, un arreglo doméstico...

Actividades relacionadas con los animales

- ✓ Cuidar de los animales domésticos, si se tienen: caballos, gallinas, ovejas, cerdos, patos...
- ✓ Cuidar de las mascotas, jugar con ellas, atenderlas: perros, gatos, tortugas, hamsters, palomas, loros, periquitos, peces de acuario o de estanque, etc.
- ✓ Preparar y adiestrar a los animales para que participen en concursos de habilidad, belleza, destreza...

Actividades relacionadas con las plantas

- ✓ Cultivo de plantas de interior y de exterior.
- ✓ Cuidado del jardín.
- ✓ Cuidado y atención de la huerta.
- ✓ Cría de árboles frutales.
- ✓ Atención de un invernadero.
- ✓ Paisajismo y realización de jardines.
- ✓ Cuidado de bonsáis.
- ✓ Agricultura ecológica en casa para consumo propio.
- ✓ Realización de compostaje.
- ✓ Otras actividades......

Actividades varias

en este apartado entrarían todas aquellas que se refieren al desarrollo de otras aficiones y entretenimientos como puede ser el coleccionismo de todo tipo, hacer maquetas, miniaturas, ordenar cosas, armarios, papeles, discos, así como otras muchas actividades que se hacen en las casas durante el tiempo libre.

PROPUESTAS PEDAGÓGICAS

Una buena parte del tiempo libre, la mayoría de la gente la pasa en casa, realizando algunas actividades que le gustan, para distraerse. La televisión ocupa un elevado número de minutos diarios, pero existen otras alternativas.

1) ¿Cuáles son las actividades que más realizas en casa aparte de ver la televisión? _____

2) ¿Cuál es la que más te gusta y por qué? _____

3) Reunidos en pequeños grupos, comprobad qué actividades son las más practicadas entre vosotros y escribidlas a continuación _____

4) Cada representante de grupo hará de portavoz para contar a los demás qué actividad es la más valorada y por qué. Al acabar todos los grupos, se hará también una relación de las actividades más originales, y quien las practique, explicará al resto por qué las hace, qué le aportan, por qué son entretenidas, con el fin de que el resto se informe más sobre este pasatiempo casero.

5) Se pueden confeccionar murales para exponer en el tablón de clase con el listado de alternativas a las actividades más frecuentes como ver la televisión o escuchar música.

6) Hace poco uno de vosotros encontró un extraterrestre que ha venido a informarse de las posibilidades de ocio casero en la Tierra y se quiere llevar un pequeño documental para enseñar en su planeta.

Divididos en equipos, vais a elaborar un cómic, un magazine, una película de vídeo, un programa de ordenador o un montaje fotográfico en el que se vea qué puede hacer para divertirse tanto alguien que viva en una casa como en un piso. Cuantas más cosas ofrezcáis, más contento e informado se irá...

17. Ocio y solidaridad

INTRODUCCIÓN

Una buena forma de ocupar el tiempo libre es con la realización de actividades que fomenten el cultivo y la práctica de valores, que sirvan para la mejora personal y de la sociedad en la que nos desenvolvemos.

El ocio es una oportunidad que se nos brinda para pensar en la mejora del mundo que nos rodea y no exclusivamente en los propios gustos, deseos o aspiraciones.

Cualquier persona ha podido experimentar que es más satisfactorio dar que recibir; cuando se piensa en los demás, el tiempo pasa mejor, es más completo, llena más de alegría, que cuando se limita a conceder un sí continuo a los caprichos personales.

Contar con los demás en los ratos libres, a la hora de seleccionar las actividades de ocio es una de las mejores maneras de ser solidarios.

OCIO SOLIDARIO

No todas las personas tienen las mismas oportunidades para desarrollar sus momentos de ocio de una manera plena, por diversos motivos (Olmedo y Álvarez, 1997).

Algunas tienen muy pocos recursos económicos y deben dedicar la mayor parte de su tiempo a conseguirlos, trabajando cuando la mayoría de la gente puede descansar.

Otras personas tienen problemas de adaptación por alguna característica física o psíquica: discapacidad, cambios de humor o carácter especial, etc.

Hay a quien le gustan aficiones minoritarias para gente de su edad y los compañeros las ven como personas extrañas.

Otras, son ancianas, viven solas, tienen ciertas manías que dificultan el trato normal con ellas...

En fin, el número y las causas de ese aislamiento a la hora de tener un ocio de calidad son muy diversas, pero el resultado es prácticamente el mismo: éste es inexistente, escaso o de mala calidad.

Sin embargo, hay muchas personas –casi desconocidas porque no alardean de ello–, que dedican su tiempo libre a pensar en los demás sin esperar absolutamente nada a cambio. Unas, lo hacen porque creen que es lo que deben devolver a una sociedad que las ha favorecido; otras, por altruismo y solidaridad; otras, por sus convicciones religiosas o morales. El motivo no es lo importante, sino la labor que llevan a cabo en beneficio de los demás.

¿QUÉ ES EL OCIO SOLIDARIO Y QUIÉN PUEDE LLEVARLO A CABO?

Es aquel que cuenta con los demás a la hora de planificarse el descanso:
- una abuela que enseña a jugar a un nieto o le cuenta un cuento en vez de dedicarse a ver la televisión ella sola;
- el chico que habla con una persona anciana sola en el banco de una plaza en vez de leer tranquilamente una revista sin preocuparse de ella;
- el grupo de chavales que lleva de excursión a otros más pequeños y los cuida;
- los padres que organizan una fiesta para los niños e invitan al compañero que tiene problemas de soledad, incomprensión, discapacidad física o psíquica;

- la pandilla que va a un asilo a cantar a los ancianos, a llevar revistas a las personas solas o enfermas para que estén entretenidas, a hacer una obra de teatro a niños enfermos de un hospital o que colabora con alguna asociación en la recogida de juguetes o alimentos en época de Navidad.....

Son personas que practican un ocio solidario.

La mayor parte de las acciones solidarias relacionadas con el ocio no son difíciles de llevar a cabo, es cuestión de tener ganas de pensar en los demás para poder ayudarlos a que disfruten en su tiempo libre. Ni siquiera hay que irse lejos para realizarlas: las amistades, la familia, los vecinos agradecerán la colaboración que cada uno pueda prestar.

Tampoco es necesario disponer de muchos recursos económicos, porque la mayoría de las veces el ingenio y las ganas de ayudar suplen la falta de medios.

En algunos casos, la cooperación es más efectiva que el hacer las cosas por libre, porque aunando esfuerzos se consiguen mejores resultados. Por ejemplo, es preferible llevar a los niños de acampada entre varios monitores que uno solo; es mejor hacer una obra de teatro para niños enfermos de un hospital entre varios que uno solo... Sin embargo, es recomendable hacer un poquito que no hacer nada, por esperar a que llegue la ocasión perfecta o que alguien quiera colaborar con una iniciativa personal. *Lo mejor es enemigo de lo bueno*, dice el refrán.

VOLUNTARIADO

Durante el tiempo libre hay bastantes personas que se dedican a hacer cosas por los demás, por la naturaleza, por los animales, etc., sin pedir nada a cambio. Son los voluntarios.

Los voluntarios han existido siempre, aunque se les haya llamado de distintas maneras o incluso no se haya reparado en ellos (Escámez, 1999; Martí, 2000 y Bernal, 2002).

Las personas voluntarias ocupan su tiempo libre, de forma parcial o casi total, en algunos casos, a diversas causas que creen dignas de sacar adelante, y cuya variedad es inmensa. Veamos algunas de ellas:

- ❖ Campo social.
- ❖ Campo del medio ambiente.
- ❖ Cooperación internacional.
- ❖ Desarrollo socio-económico.
- ❖ Promoción cultural.
- ❖ Participación cívica y ciudadana.
- ❖ Tareas de socorro y emergencia.
- ❖ Promoción de determinados colectivos.
- ❖ Empleo del tiempo libre.
- ❖ Ámbito educativo.
- ❖ Desarrollo del comercio justo.
- ❖ ...

Las actividades llevadas a cabo, a su vez, en cada uno de estos ámbitos es muy variada. Por ejemplo, una persona que se dedique a la promoción cultural puede destinar sus vacaciones a trabajar en un país subdesarrollado catalogando libros en una pequeña biblioteca rural; colaborar como guía para discapacitados en un museo de reconocido prestigio en una capital cultural; preparar la página web de una asociación cultural de su barrio, etc.

La colaboración en el área de los derechos humanos puede llevar a alguien a defender a un inmigrante o darle consejos legales, a ayudarle a regularizar su situación o a enseñarle el idioma, a diseñar una campaña contra la violencia y por el diálogo, u otras muy variadas actividades relacionadas con este campo (García Moriyón, 2003).

SER VOLUNTARIO

Para ser voluntario de forma organizada y práctica es conveniente tener en cuenta estos pasos:

- *Medita:* por qué puedes o quieres ser voluntario; qué es lo que te anima a dedicarte a los demás, al cuidado del medio ambiente, a la cultura, a los derechos humanos, etc.
- *Observa:* los problemas que hay a tu alrededor y comprobarás que si quieres ayudar, hay muchos campos en los que hacerlo.
- *Valora:* tus cualidades, disposiciones, tiempo libre, etc. Debes contar con tiempo, cualidades, aptitudes, constancia, entusiasmo, fortaleza, para seguir adelante aunque cueste.
- *Ponte en contacto:* con una organización de voluntarios que te merezca confianza por la labor que desarrolla, el espíritu que la mueve, la eficacia con la que trabaja.
- *Actúa:* participa en esa organización, quizás pasando por un período de formación para ser más eficaz a la hora de desarrollar las actividades propias de la misma. Compagina tu colaboración con las obligaciones de estudios, trabajo y familiares que tengas que desarrollar y no te comprometas a hacer aquello que no puedes llevar a cabo y que posteriormente te agobie.

Según las personas expertas en el tema del voluntariado, para que éste exista, debe tener estas características:

- Que sea gratuito.
- Libre.
- Que haya un beneficiado.
- Que exista un compromiso.
- Que esté más o menos organizado.

¿EN QUÉ SE PUEDE COLABORAR?

Existe un gran número de actividades en las que se puede participar empleando el tiempo libre en una buena causa para ayudar a los demás.

La mayoría de las acciones solidarias se pueden englobar en alguno de estos apartados aunque a menudo exista cierta relación entre ellos.

Acciones solidarias en materia de:
a) Salud.
b) Educación.
c) Cooperación internacional.
d) Desarrollo socio-económico.
e) Comercio justo.
f) Cultura.
g) Medio ambiente.
h) Participación ciudadana y civismo.
i) Derechos humanos.
j) Tiempo libre.
k) Emergencia y socorro.
l) Promoción de diversos colectivos.
m) Otros.......

Dentro de cada uno de estos apartados, las iniciativas son muy variadas. Por ejemplo, en el campo de la educación se puede colaborar dando clases de refuerzo a colectivos desfavorecidos, clases de idioma a inmigrantes que lo desconocen, facilitar la creación de bibliotecas en países en vías de desarrollo, etc.

Además, el grado de implicación en las tareas solidarias es muy diferente para unas personas y otras, dependiendo de factores como sus deseos de colaborar más o menos en el proyecto, edad, salud, cultura, disponibilidad de tiempo libre, etc. No es lo mismo lo que puede hacer un abogado que un ama de casa, un chico joven estudiante y con pocos recursos que una empresa que quiere colaborar con un proyecto solidario internacional.

En cualquier caso, la experiencia de quienes colaboran en tareas solidarias, sobre todo las que afectan más directamente a las personas, es unánime: es una tarea que proporciona una gran satisfacción, y en la que se recibe más de lo que se da.

PROPUESTAS PEDAGÓGICAS

Todas las personas necesitamos ayuda unas de otras, y nos prestamos múltiples servicios: sanitarios, educativos, profesionales, familiares...

Entre todos formamos como una cadena para ayudarnos en lo que necesitemos. A veces, esas ayudas se cobran, pero en muchas ocasiones se hacen de forma desinteresada, por solidaridad.

Las personas que dedican su tiempo libre apoyando a los demás se llaman *voluntarias*, forman parte del *voluntariado*.

Vamos a reflexionar sobre estas actividades, una buena forma de ocupar el tiempo libre.

1. ¿Cómo definirías la palabra "voluntario"?

¿Cuál es su antónimo?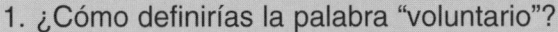

¿Qué significa la palabra solidaridad?

2. ¿Qué sería el "Ocio solidario"?

3. ¿Conoces a alguna persona que participe o haya participado en acciones solidarias? ¿En cuáles?

4. ¿Cómo se siente una persona que se dedica a hacer cosas por los demás? Explicarlo.

5. ¿Cómo te sientes tú cuando haces algo por los demás? ¿Te gusta ayudar?

6. Cada persona tiene unas capacidades para desarrollar, unas actividades con más predisposición que le gustan más, a las que está más acostumbrado... ¿Qué es lo que mejor se te da a ti?

¿Y qué es lo que mejor se le da a alguna amiga o amigo, familiar, que tú admires por lo que hace?

¿Has participado alguna vez en algo como voluntario?

¿En qué crees que podrías ayudar?

7. El voluntariado abarca muchos campos diferentes: social, educativo, promoción de determinados colectivos, cooperación internacional, desarrollo socio-económico, comercio justo, promoción cultural, participación cívica y ciudadana, derechos humanos, tareas de socorro y emergencia, empleo del tiempo libre, etc.
Aquí tienes una lista de actividades de voluntariado para clasificarlas en alguno de los apartados anteriores:
- Acompañar de paseo a personas mayores.
- Construir escuelas en países del tercer mundo.
- Limpiar ríos y playas.

- Reconstruir un lugar tras un terremoto.
- Recoger juguetes para niños pobres.
- Catalogar libros en una biblioteca.
- Recaudar fondos para una pinacoteca.
- Vender productos del tercer mundo por lo que realmente valen.
- Ayudar a personas discapacitadas mentales.
- Contar cuentos a niños y a niñas en una ludoteca.
- Recoger alimentos para personas necesitadas.
- Limpiar montes sucios.
- Ayudar en accidentes de tráfico.
- Facilitar asistencia médica gratuita a inmigrantes.
- Dar charlas sobre el reciclado de los productos.
- Impartir clases a personas con dificultades físicas.

8. Busca en Internet sobre el voluntariado y di qué es lo que más te ha gustado, llamado la atención, impactado... Intercambiad las impresiones entre toda la clase y relatad las experiencias que hayáis vivido como voluntarios.

9. Busca junto con otro compañero, en el periódico, una noticia que hable de una acción solidaria y pégala aquí.

18. Ocio y consumo en la sociedad actual

INTRODUCCIÓN

Mientras millones de personas de todo el mundo luchan cada día para poder sobrevivir en condiciones de vida absolutamente precarias y sin dedicar nada de su tiempo al ocio, –incluso entre niños pequeños– otra parte de la sociedad se afana en gastar dinero cuando se divierte en sus ratos libres.

Podría argumentarse que el ocio consumista proporciona cierto bienestar a las personas que trabajan en sectores relacionados con éste, como pueden ser la hostelería, restauración, transportes, algunos servicios, etc. sin embargo, la situación de desigualdad e injusticia no cambia apenas el planteamiento inicial: muchas gentes carecen de lo mínimo para sobrevivir y otras tantas disfrutan no sólo de todo tipo de comodidades sino de un ocio consumista y lujoso, al menos, comparado con la vida de las más desfavorecidas.

¿ES BUENO O MALO EL CONSUMO?

Como casi todas las cosas, depende de cómo se enfoquen.

La gente tiene que consumir determinados productos, bienes y servicios para poder vivir dignamente.

Las sociedades primitivas o bien compartían sus bienes o cambiaban con otros las cosas necesarias, a través del trueque. Con el paso del tiempo apareció la moneda, las formas de vida fueron cambiando, especialmente desde la Revolución Industrial, y la relación entre las personas se modificó de forma sustancial. Es más fácil elaborar todo tipo de productos, y hay que intentar venderlos para conseguir más dinero; para ello, la publicidad cuenta con poderosos mecanismos que inducen a crear necesidades en las personas con el fin de que consuman más, incluso cosas absolutamente innecesarias.

Es cierto que toda la gente necesita consumir, pero los límites de esa necesidad cada vez se van ampliando más y más, llevándola a una carrera desenfrenada por tener más en vez de "ser más". Esa gente cae en el denominado "consumismo", es decir, una degeneración del consumo racional y equilibrado (Colom, 2000).

Conviene, pues, reflexionar sobre la postura que uno quiere tener en la vida, e intentar ser coherente con ella, sabiendo que no se es más por tener más cosas, sino por ser mejor, por tener más calidad humana, y que muchas veces, el ansia de tener apaga los deseos de mejorar, de ayudar a los demás y de buscar una sociedad mejor, más equilibrada y justa para todos.

El consumismo no sólo se reduce al afán de tener más, de gastar innecesariamente en cosas, sino en la forma de enfocar incluso el ocio. A continuación, se reflexionará sobre la influencia del consumismo en los hábitos de ocio de la sociedad en la que vivimos.

IR DE COMPRAS

Según algunas encuestas sobre hábitos de ocio, un buen número de personas declara que en su tiempo libre le gusta ir de compras, a ver escaparates, o a pasar el rato en un centro comercial.

Ver escaparates es una actividad que en los ratos libres puede resultar agradable a ciertas personas y que está muy influida por la sociedad consumista. Los publicistas y expertos en marketing saben bien que para desear una cosa, primero hay que conocerla. No se puede querer tener algo que no se sabe que existe: una persona que va a ver escaparates es más fácil que compre algo que otra que no se dedica a esa actividad.

Otras personas no se conforman con ver los escaparates, sino que dedican su tiempo de ocio a ir de compras. Las que lo hacen de forma compulsiva, sin tener ninguna necesidad real del producto adquirido tienen una enfermedad que debe ser tratada, y que si no se corrige a tiempo, puede causar serios problemas a estos enfermos (Rodríguez y Rodríguez, 2000).

Sin llegar al extremo de la compra compulsiva, hay personas que gastan dinero inútilmente, aunque sea en pequeñas cantidades, para pasar el tiempo. Hay ciertos factores que contribuyen a esto como los siguientes. En primer lugar, existen cada vez más tiendas en las que es posible entrar a mirar. El cliente potencial entra a dar una vuelta y a ver lo que hay, sin que los dependientes le pregunten apenas si quiere algo. Entra, mira, compra algo si quiere, y si no, se va sin compromiso alguno. Posiblemente, en alguna de las ocasiones en las que acuda "sólo por mirar", acabe creándose una necesidad y compre algo que no hubiera adquirido de no haberlo visto.

Otras veces, es el bajo precio de los productos ofrecidos el que anima a comprar cosas que realmente no hacen falta, que se adquieren "porque por este precio...". Los mercadillos, los puestos callejeros y las llamadas tiendas de "todo a cien", o "bazares chinos", son algunos lugares donde gastar en los ratos libres en cosas superfluas.

Los hipermercados: son tiendas gigantescas en las que hay prácticamente todo lo básico para la casa, desde alimentación, hasta ciertos muebles, pasando por material variado para coches, telefonía, música, libros, juguetes, ferretería, bricolaje, ropa,... Muchas personas acuden al hipermercado en familia, normalmente los fines de semana, casi como un rito, a realizar la compra semanal, cargando el coche hasta arriba, a menudo, llevando más de lo necesario.

Los hipermercados están perfectamente pensados para inducir al consumismo a cuantas personas se acercan a ellos.

En primer lugar, para acceder a casi toda la mercancía, hay una total libertad para el cliente: coge un carro de grandes dimensiones y lo llena del producto que desee sin ningún tipo de restricción. Los carros están especialmente diseñados para circular despacio con el fin de que el cliente se pare en los estantes, donde se acumula la mercancía. Los productos de primera necesidad están al fondo de la tienda y habrá que llegar hasta ellos viendo un sin fin de productos tentadores, que no se pensaba comprar: muchos de ellos acabarán en el carro de la compra. Incluso hay carritos para los niños pequeños, futuros consumidores.

Las ofertas, los descuentos, los pagos aplazados, las pruebas gratuitas, la posibilidad de devolver los productos, etc., contribuyen a hacer el resto para que el cliente se lleve más cosas de las que inicialmente había pensado adquirir.

Los grandes almacenes: la estrategia de venta es igual que la de los hipermercados, pero ofrecen más productos a los consumidores. Invierten sumas fabulosas en publicidad, crean eslóganes conocidos por grandes segmentos de la población y facturan sumas millonarias ofertando todo tipo de descuentos, semanas de oro, mes del hogar, quincena de la electrónica, productos de países determinados, etc. bien conocidas de todo el público que los frecuenta.

Centros comerciales: así como antes la gente se reunía en las ferias y mercados, en la actualidad lo hace en los centros comerciales. En ellos suele haber un hipermercado, o al menos algún supermercado, y a su alrededor, otros lugares en los que pasar el tiempo libre consumiendo. Existen tiendas de todo tipo, en las que la facilidad de entrar a mirar sin compromiso de compra es la característica más común. Hay una gran oferta del sector de la restauración: cafeterías, bares, restaurantes de comida rápida, bocaterías, etc.

Son frecuentes las tiendas de chucherías, y los salones de máquinas recreativas así como los cibers y boleras. También es normal que exista algún lugar para dejar a los niños pequeños recogidos, jugando, tipo guardería o ludoteca, con el fin de que los mayores puedan realizar más cómodamente sus compras.

En los centros comerciales es muy frecuente que haya salas de cine en las que pasar el rato. A la entrada de las mismas, el consumismo vuelve a ofertar nuevos modos de gasto, esta vez en forma de productos de cafetería, golosinas, palomitas y refrescos.

OTRAS FORMAS DE CONSUMISMO EN EL OCIO

No sólo el ir de compras con todas sus variantes fomenta el consumismo, sino otras actividades aparentemente no relacionadas con ello.

Los profesionales del *mundo de la electrónica* constatan el aumento de los equipos de música, fotografía, vídeo, etc., que se venden para uso particular. Si bien es cierto que cada vez son más baratos y llegan al alcance de más personas, también lo es que en muchas casas se gasta excesivo dinero en renovar equipos de música, reproductores de vídeo y DVD, fotografía, etc., que están en perfecto estado, pero que se sustituyen en seguida, por puro capricho, por otros mejores, con más prestaciones, de última generación.

Relacionado con ello está el tema de la *telefonía móvil*, empleada especialmente por los jóvenes para jugar en sus ratos libres (música, fotografía, grabaciones, juegos,...). Lo mismo sucede con los cíber, los videojuegos, etc.

Las fiestas comerciales son creaciones relativamente recientes, pensadas para que la gente gaste: el día del padre y de la madre, el de los enamorados... son un buen momento para que se consuma creando la necesidad de regalar, salir a comer fuera de casa, etc., olvidando que las demostraciones de cariño no pueden limitarse a una fecha determinada con criterios comerciales.

Las fiestas tradicionales muy a menudo se han visto desvirtuadas por el consumismo a través del patrocinio de alguna empresa que, con el fin de hacerse publicidad, corre con algunos de los gastos generados en ellas. Así, de un carácter tradicional y popular se pasa a otro mercantilista.

Muchos niños y niñas pequeños, en vez de celebrar su cumpleaños en casa con su círculo de amigos, que suele ser reducido, se acostumbran a hacerlo invitando a casi toda su clase en locales especialmente diseñados para ello, en los que pueden jugar y merendar, pagando unas significativas sumas de dinero. Así, desde pequeños, se acostumbran a hacer y recibir invitaciones –para las que existen unas atractivas y caras tarjetas de invitar– y relacionan el pasarlo bien con el gasto. Además, muchos de ellos frecuentan estos lugares de juego con piscinas de bolas, hinchables de plástico en los que se cobra por hora y con unos precios muy altos.

Los parques temáticos: constituyen una de las formas de ocio que la sociedad occidental ofrece para los ratos libres tanto de personas mayores como de niños pequeños, y cada vez se están extendiendo más a lo largo de toda la geografía de los distintos países. Según se explica en la web www.cnice.mec.es/media/cine/bloque6.11 deberíamos saber que los antecedentes del parque temático se encuentran en los parques de atracciones que se instalaron a finales del siglo XVII en las cercanías de muchas grandes ciudades europeas como París, Londres, Viena, etc. Los empresarios de ferias circulan sin descanso con sus atracciones aprovechando las fiestas locales y el tiempo de esparcimiento que permite a los habitantes de aquellos lugares disfrutar de sus ofertas.

Los propietarios de salas de cine, el primitivo cine ambulante que se ofrecía en barracones y pabellones que se instalan en los ensanches de las ciudades de finales de siglo XIX, es la prolongación de esta actividad ferial que, sin duda, ayuda a que otros avispados negociantes tengan en cuenta nuevas ofertas para el ocio.

El primer paso importante se da en 1957, cuando Walt Disney inaugura en Anaheim (California) su primer complejo con el nombre de Disneylandia, con un personaje como protagonista indiscutible: Mickey Mouse. A partir de los personajes prototipos ya conocidos en todo el mundo, los visitantes acuden por millones al recinto con el fin de pasar en familia todas las horas posibles. Las atracciones se multiplican a la vez que las ventas de productos llenan las arcas de la compañía. En 1971, esta factoría da un nuevo paso con otro complejo –Disneyworld– levantado en Orlando (Florida) que se va ampliando años más tarde con nuevas instalaciones (Magic Kingdom, Disney-MGM Studio, etc.). Participa en 1983 en el complejo que la Oriental Land Company levanta en Tokio (Tokio Disneyland) y en 1992 en Disneyland París, parque que se complementa años después, en 2002, con la inauguración de otro espacio también cerca de la capital francesa denominado –Disneyland Resort París–, dedicado al cine, la televisión y los dibujos animados. Cuando se habla de estos complejos no sólo se debe pensar en las atracciones, sino que en torno a ellos se levantan hoteles, campos de golf y otros muchos servicios que incitan a las familias a un ocio consumista y desmedido en muchos casos.

Además de este parque, existen otros muchos, promovidos por distintas productoras cinematográficas, tanto en EE.UU. como en España.

Estos nuevos espacios de entretenimiento se están enriqueciendo con la introducción de las nuevas tecnologías, productos multimedia y toda una estructura electrónica que refuerza el interés por disfrutar de lo sorprendente.

MÁS FORMAS DE DIVERSIÓN CONSUMISTA

Además de los parques temáticos existen otros lugares en los que hay que gastar dinero para divertirse y que incitan al consumo:
- Parques de atracciones.
- Pistas de patinaje sobre hielo.

- Ludotecas de pago.
- Casinos con hotel y gran centro comercial.
- Parques acuáticos.
- Acuarios, delfinarios.
- Zoológicos.
- Y otros muchos que surgen o surgirán por el deseo de las empresas llenas de ingenio y ansiosas por incrementar sus ganancias.

PROPUESTAS PEDAGÓGICAS

Uno de los derechos de las personas es a tener tiempo de ocio. Muchas carecen de este derecho pues dedican todo su tiempo a trabajar para poder subsistir, incluso los niños. Por el contrario, las sociedades más "avanzadas", entienden el ocio como consumo y gastan considerables sumas de dinero en pasarlo bien.

1. ¿Qué es el consumo? ¿Y el consumismo? ¿Qué diferencias hay entre los dos conceptos? ¿Y qué es el consumerismo? _____
_____
_____
_____

2. A muchos niños y jóvenes sus padres les dan un dinero para sus gastos personales, que emplean en salir, ir al cine, tomar algo, etc. Haced una pequeña encuesta entre los de la clase para ver cuál es la media de dinero recibido y a qué se dedica habitualmente.

Comparar el dinero gastado por un joven como vosotros con el dinero que en países pobres necesita para vivir toda una familia. ¿Qué conclusiones se pueden obtener? _____

3. ¿Cuáles son las formas de emplear el tiempo libre más habituales en nuestra sociedad?

Clasifícalas en dos apartados: aquellas en las que no se gasta dinero, o se destina muy poco, y las que exigen un desembolso.

¿Cuáles de ellas son las que más realizas tú en el tiempo libre? _____

4. Imagina que eres animador socio-cultural y tienes que ofrecer actividades para pasar el tiempo libre a distintas personas durante una semana. Piensa con otro compañero de clase qué alternativas existen para distintos grupos de personas:
- ✓ Niños de entre 5-8 años.
- ✓ Chavales de entre 13-16 años.
- ✓ Chicos y chicas de edades comprendidas entre los 17-23 años.
- ✓ Amas de casa de mediana edad y con estudios superiores.
- ✓ Hombres de mediana edad (36-50 años) con profesiones liberales.
- ✓ Señoras mayores viudas con estudios primarios o medios.
- ✓ Matrimonios de jubilados de unos 66 años.

Debéis pensar tanto en actividades en las que se gaste dinero como en las gratuitas.

5. ¿Crees que la publicidad tiene algo que ver con el gasto realizado en las actividades realizadas durante el tiempo libre? Explícalo y pon ejemplos. _____

_____
_____
_____
_____
_____

6. Actividad para toda la clase: hacer una campaña informativa para todo el centro escolar sobre ocio y consumo. Aportar datos sobre estos aspectos u otros que se os ocurran y sean de interés:
- Posibilidades de ocio en el lugar donde vives.
- Consejos sobre ocio saludable y no consumista.
- Lugares y modos de pasarlo bien sin caer en el consumismo.
- Organismos que pueden colaborar en el ocio de las personas jóvenes.
- Descuentos para jóvenes en relación a las actividades de ocio.
- Cómo evitar el consumismo y favorecer la solidaridad con las personas más desfavorecidas.

7. Busca información sobre cuánto se puede gastar en un viaje a un parque temático de una familia de cinco miembros. ¿Qué se ofrece en estos lugares respecto a la cultura, la formación, la solidaridad u otros valores? Comenta lo que te sugiere esto.

8. ¿Alguna vez lo has pasado muy bien sin gastar nada de dinero y otra mal tras realizar un fuerte desembolso? Relata tu experiencia y saca conclusiones.

9.- ¿Qué ofrece la asistencia a los centros comerciales, hipermercados, ver escaparates, ir de compras como medio de divertirse en los ratos libres con respecto a los valores? Abrid un diálogo sobre ello entre toda la clase.

10. Concurso para toda la clase: inventad un buen eslogan sobre el ocio no consumista.

11. ¿Qué son las fiestas comerciales? _____
_____
_____

¿Para qué se hacen? _____
_____
_____

¿Cómo se puede demostrar el afecto durante todo el año a las personas queridas? _____
_____
_____
_____

12. Algunas de las formas de pasar el tiempo libre de mucha gente no sólo fomentan el consumismo, sino que son perjudiciales para la salud, las relaciones personales y sociales, etc. ¿Podrías señalarlas junto con sus perjuicios?

Actividad	Perjuicio

19. Las "actividades simples" y el ocio

INTRODUCCIÓN

La oferta en el campo del empleo del tiempo libre es cada vez más y más variada, llegando a ser uno de los motores importantes del desarrollo económico en muchos lugares y actividades. Pensemos en lugares especialmente diseñados para ocupar los ratos de esparcimiento como los resorts que cuentan con gimnasios, casinos, salones de juego, animadores del tiempo libre, actividades para distracción de las personas alojadas en ellos, etc. Lo mismo se podría aplicar a pueblos enteros que giran en torno a un parque temático cercano, alrededor del cual se crean servicios de todo tipo buscando el descanso y la comodidad de los visitantes.

El turismo es una gran industria que mueve cantidades importantísimas de dinero y que genera muchos puestos de trabajo.

El mundo del deporte es otro de los ámbitos que ofrece un sinfín de posibilidades de pasar bien el tiempo libre, y que, al igual que el turismo y los medios de comunicación y la música, producen unos grandes beneficios económicos a las personas que viven de ellos.

Si bien es cierto que este tipo de ocio está basado en importantes estructuras, también lo es que para pasarlo bien en el tiempo libre no hace falta recurrir a grandes montajes y que se puede disfrutar mucho con actividades sencillas.

LAS ACTIVIDADES SENCILLAS

La sencillez es muchas veces, sinónimo de perfección. Las cosas sencillas suelen ser las más bonitas y gratificantes si se sabe beneficiarse de ellas.

Los psicólogos aconsejan que los niños jueguen con juguetes sencillos y que sean polivalentes, que les estimulen su imaginación. Los juguetes complicados y que lo dan todo hecho no favorecen el desarrollo del niño y la mayoría de las veces, ni siquiera les divierten.

El mismo principio se puede aplicar al ocio: hay que aprender a pasarlo bien y a disfrutar con las cosas sencillas, valorando todo lo que hay al alcance, y sabiendo obtener rendimiento de las cosas más simples.

Para ello, hace falta saber descubrirlas.

Es bastante común que –al estar inmersos en una sociedad de consumo y que ofrece tal variedad de posibilidades– no se aprecien las actividades más simples y al alcance de casi todos.

Es habitual no valorar las cosas hasta que se pierden o es difícil tenerlas. Si alguien vive cerca de la playa posiblemente no lo valora tanto como quien sólo puede disfrutar de ella unos pocos días al año, y después de haber hecho un largo viaje y gastado una considerable suma de dinero.

Una persona con buena salud no la echará de menos hasta que le falte: es posible que no la aprecie hasta que tenga algún dolor, molestia o enfermedad.

Es pues, conveniente abrir los ojos a todas las posibilidades que se ofrecen para pasar bien el tiempo libre sin cosas complicadas.

¿QUÉ SE PUEDE HACER?

En primer lugar, realizar las actividades con espíritu abierto. Es bueno probar diversas cosas y comprobar personalmente si nos satisfacen. Muy a menudo la gente se pierde modos alternativos de diversión porque no prueba lo que no conoce o se conforma con hacer lo que siempre ha hecho.

Aunque la oferta para los momentos de ocio es bastante variada, por lo general se tiende a repetir las actividades ya conocidas, aunque muchas veces no resultan atractivas. Por ejemplo, muchos jóvenes van a la discoteca todos los fines de semana por encontrarse con su grupo de amistades y "porque todos lo hacen".

Además de probar actividades alternativas, se puede preguntar a los amigos, a personas conocidas qué hacen ellos en los ratos libres y qué les aporta, por qué se lo pasan bien. Es probable que nos contagien su entusiasmo y descubramos algo que también a nosotros nos puede gustar.

El número de actividades simples o sencillas, por denominarlas de alguna manera, es muy variado. A continuación se ofrece una lista con las mismas, con el fin de abrir nuevas posibilidades en el tiempo de ocio.

ACCIONES SIMPLES PARA EL TIEMPO LIBRE

Pasear: es un modo de pasar el rato sin demasiadas complicaciones. No hace falta nada especial, aunque si se va a pasear durante mucho rato conviene llevar un calzado apropiado.

Esta actividad se puede realizar en cualquier lugar, tanto en la ciudad como en el campo.

Si se camina por la ciudad se puede disfrutar de la visión de algún edificio de interés, de la tranquilidad de un parque o jardín; se pueden formular metas como llegar hasta tal barrio y ver qué cosas buenas y malas tiene, cómo es su comercio, su organización, su gente...

Al pasear por la ciudad a algunas personas les agrada mirar escaparates, donde ven los precios de las cosas ofertadas, lo que les facilita comprar ventajosamente si necesitan hacerlo.

Si se camina por el campo, la naturaleza ofrece también múltiples posibilidades de disfrutar. Se pueden descubrir paisajes y lugares de gran interés estético y ecológico. Si se observa con un poco de atención se ven diversas plantas, que van cambiando a lo largo del año, se descubren animales en el bosque o en el campo, se pueden ver algunas actividades relacionadas con los ciclos agrarios...

Además, se puede entablar cierta relación con las personas que viven por allí. Al contrario que en las ciudades, en que la gente suele ir apresurada, en el campo la gente suele ser más pausada, cercana y amigable, se para a charlar o a explicar algo que se le pregunte sobre la naturaleza, los animales, las costumbres rurales, etc.

Aprovechando los paseos por el campo se pueden recoger moras para mermeladas, tartas y otros dulces; setas; flores y ramas para confeccionar centros, cuadros, o disecarlas. Se puede hacer una recogida de conchas si se pasea por la playa, o de piedras o cantos bonitos y curiosos si se va por las orillas de un río. Las posibilidades son muy variadas.

Hablar: es una actividad que aporta una gran satisfacción a mucha gente. De hecho, el poder dialogar, comunicarse, especialmente con los amigos y la familia, es una de las formas de emplear el tiempo libre que más gusta a la mayoría de la gente según los estudios y encuestas sobre ocio.

Algunas personas se reúnen en un lugar determinado para charlar con otras. En las casas particulares, en un parque, en una cafetería, en un local social o asociación de vecinos...

Ciertas personas gustan de participar en tertulias en las que el tema se prefija de antemano. Por ejemplo, hay tertulias literarias; otras en las que se habla de deportes; otras para conocer un idioma; algunas en las que se comparten experiencias sobre una determinada afición.

Mucho se ha dicho y escrito sobre el hablar. Aquí sólo se hará una pequeña sugerencia: hay que cuidar lo que se dice para no herir a nadie, faltar a la verdad, difamar o calumniar.

Algunas palabras, a veces dichas sin maldad ni ánimo de herir, pueden provocar el sufrimiento de alguna persona, incluso muy querida. Viene aquí a colación un proverbio que dice: *Si tus palabras no son mejores que tu silencio, entonces, no hables.*

Si es posible hay que elegir para hablar con ellas, a personas que puedan aportarnos algo significativo: que tengan cosas interesantes y valiosas que compartir, que puedan enseñar con su experiencia, su simpatía, su saber escuchar, su bondad, sus buenos consejos. Por el contrario, hay que huir de las conversaciones con personas chismosas, que siembran rumores, rencillas, que provocan enfrentamientos entre los demás, que son conflictivas, ya que no aportan nada positivo.

En muchas ocasiones, una buena muestra de solidaridad, de amistad, de ser buenos vecinos o familiares es saber escuchar a alguien que lo necesita. Un amigo que se quiere desahogar, una persona mayor o que está sola, que se encuentra enferma en su casa y aburrida o preocupada agradecerán que se les dé un rato de conversación, que se les cuenten cosas para distraerse o que se las escuche con atención.

Cocinar: además de ser una actividad que es necesaria para poder vivir, puede ser una experiencia muy gratificante para los ratos libres.

Tanto entre hombres como entre mujeres hay muy buenos cocineros. Algunos se dedican a ello de forma profesional, o lo hacen para su familia, pero otras personas cocinan como pasatiempo.

No hace falta realizar comidas complicadas para disfrutar de la cocina. La gente que no tiene práctica o experiencia puede comenzar por recetas sencillas y, a medida que las vaya dominando, pasará a otras más elaboradas.

Tanto la cocina en sí como la repostería o elaboración de dulces y pasteles producen una gran satisfacción según se mejoran las técnicas y los productos elaborados salen bien.

Los platos que se han cocinado se pueden compartir con la familia, los amigos, los compañeros de trabajo o los vecinos y así, estrechar las relaciones sociales alrededor de la mesa.

Vinculada con la gastronomía y la cocina está la preparación de las mesas, su decoración, la elección de los menús adecuados para cada ocasión... Se puede pasar un buen rato planificando una comida para invitar a los amigos a casa y reunirse para charlar, ver un acontecimiento deportivo, jugar, etc. No hace falta una gran inversión de dinero, sino que todo resulte agradable, quizás tomando algunos alimentos fríos, bocadillos variados, canapés, una empanada o unas tortillas... Lo importante es la reunión alrededor de una mesa puesta con sencillez, interés y cariño por el anfitrión para que todos se sientan a gusto.

Escribir: al igual que a bastante gente le agrada leer, a otra le gusta escribir en sus ratos libres.

No es necesario saber hacerlo muy bien, sino disfrutar con ello. Además, a medida que se vaya practicando, aumentará la calidad de los escritos. También es posible participar en un taller de escritura con el fin de ir mejorando, conocer nuevas técnicas literarias y compartir la afición con otros.

¿Qué escribir? De todo lo que a uno le atraiga: un diario personal, las impresiones de un viaje o de la visita a un lugar de interés, cartas a familiares y amigos, a personajes famosos o protagonistas de un hecho importante; relatos, cuentos para enviar a un concurso; poesías; cartas al director de un periódico para opinar sobre un tema; artículos para un periódico del colegio, de la asociación juvenil o vecinal...

Jugar: las posibilidades que admite el juego son de lo más variadas. Se puede jugar individual o colectivamente a muchos juegos: de azar, de adivinanzas, de estrategia, de lógica, de mesa, juegos inventados por nosotros o un amigo, juegos en los que se hace ejercicio físico y juegos en los que se está sentado....

Hacer crucigramas, sopas de letras, y otros juegos similares es un entretenimiento que estimula la imaginación y enriquece el vocabulario. Los jeroglíficos y otros pasatiempos similares contribuyen también a la agilidad mental.

Coleccionar: todo tipo de cosas se pueden reunir, tanto las que se compran como las que se obtienen de forma gratuita como las elaboradas por uno mismo. Este es un entretenimiento que a algunas personas les permite hacer amistades con otras que comparten su afición por el coleccionismo.

Pintar: no es necesario ser un gran artista para disfrutar de la pintura, el dibujo, el diseñar cómics, y otras actividades similares. Lo importante es pasarlo bien con lo que se hace. Desde simples dibujos con lápices de colores hasta otras técnicas más costosas o elaboradas, existen muchas formas de desarrollar la vena artística que se lleva dentro: pintar cuadros, telas, cenefas en las paredes de una habitación, objetos de decoración, platos, figuritas, pintar plantas....

Hacer esculturas: se puede decir lo mismo que en el apartado anterior: hay muy variadas posibilidades, desde moldear plastilina hasta hacer figuras de arena en la playa, tallar madera, confeccionar figuras con papel maché, miga de pan, hasta esculpir casi profesionalmente en un taller o en unas clases.

Cantar: o bien las canciones compuestas por uno mismo o hechas por cantantes o grupos ya conocidos. Solos o con los amigos, en un coro, en un conjunto o en una banda.

Hay gente que se lo pasa muy bien componiendo canciones, escuchando su música preferida, recogiendo música tradicional para rescatarla del olvido, viendo vídeos musicales, construyendo instrumentos...

Relacionado con lo anterior está el *bailar,* solo o acompañado, bailes regionales, de salón, étnicos, de forma individual o en grupo. Puede ser divertido preparar una coreografía para el baile de una fiesta en el colegio, en una asociación, en un cumpleaños.

Contemplar un paisaje: la naturaleza nos ofrece espacios realmente bonitos y se puede disfrutar de ellos, muchas veces asomándose a la ventana de casa o saliendo por los alrededores de nuestra localidad. Lo importante es saber descubrirlos y verlos con ojos de admiración. Muy a menudo la gente no se da cuenta de lo que tiene cerca hasta que no viene alguien de fuera que le hace descubrir el paisaje maravilloso, que por tenerlo siempre delante, no ha sabido valorar.

Las puestas de sol, los amaneceres, los días de bruma, el mar en calma o furioso, el campo que varía de color en cada estación pueden proporcionar momentos muy agradables para pasar un buen rato libre.

Hacer trabajos manuales: desde el bricolage a engarzar collares y pulseras, bordar, reparar cosas de la casa, arreglar una moto o desmontar un reloj, existen múltiples posibilidades con las que se puede disfrutar verdaderamente sin complicarse mucho.

Cuidar de una mascota: atender a un animal doméstico es algo que hace mucha gente y disfruta de verdad. Sacar a pasear al perro, entrenarlo para que adquiera ciertas habilidades, o para que participe en una competición. Lo mismo se puede decir para los caballos, la canaricultura, la colombofilia, y en, general, para todos los animales domésticos.

Las personas mayores y los niños pequeños suelen ser muy receptivos a cuidar de los animales porque les hacen compañía o les ayudan a socializarse. Por ejemplo, un anciano que quizás no saliera de su casa, tiene que hacerlo varias veces al día para sacar al perro a pasear, habla con los propietarios de otros con los que coincide en el parque o en el veterinario, etc.

Hacer fotos o vídeos: muchos buenos fotógrafos se iniciaron sin contar con demasiados medios y disponiendo de unos equipos muy sencillos. Era su capacidad para ver a través de la lente de su cámara lo que otros no eran capaces de descubrir lo que les llevó a ser unos artistas. Las fotos realizadas se pueden guardar en álbumes o en soporte informático, se pueden revelar en la propia casa si se dispone del lugar adecuado, se puede hacer exposiciones y venderlas...

Lo mismo sucede con la realización de vídeos, cortos, pequeñas películas artesanales que proporcionan grandes satisfacciones.

Cultivar el espíritu: reflexionar sobre la propia vida e intereses, meditar, rezar, asistir a charlas o conferencias que aumenten la cultura son aspectos que contribuyen a mejorar la parte espiritual, interior, de las personas.

Relajarse: a veces, la actividad más simple y sencilla es la que más puede descansar y es intentar relajarse cómodamente. Muy a menudo, se cree que para pasarlo bien hay que tener un "ocio activo", hacer algo y, a ser posible, útil.

Sentarse tranquilamente o tomar un baño, hacer algo que apetezca es una buena forma de relajarse.

Conocer algo nuevo: por lo que se sienta interés, desde una canción hasta un monumento, un paisaje, una actividad artesanal o artística...

Estas son algunas de las múltiples actividades simples que se pueden realizar en el tiempo libre y que pueden contribuir a hacerlo más interesante y creativo.

PROPUESTAS PEDAGÓGICAS

No hace falta realizar cosas complicadas ni costosas para pasarlo bien pues se pueden hacer las llamadas actividades simples o sencillas.

1. ¿Cómo podrías definir "actividad de ocio sencilla"?
___

2. Haz una lista con las actividades divertidas que se pueden hacer y son fáciles de llevar a cabo.

3. Compara tu lista con la de otro compañero y mira las coincidencias. ¿Cuáles son?

4. ¿Por qué os gustan esas actividades?

¿Qué aspectos positivos tienen frente a otras más costosas de realizar?

5. Entre toda la clase, hacer un trabajo con el listado de actividades sencillas que puede hacer:
- Gente de vuestra edad.
- Personas adultas.
- Ancianos.
- Niños pequeños.
- Familias con miembros de distintas edades.
- Personas con alguna discapacidad física o psíquica.

6. Divididos en grupos, pensar qué actividades sencillas se pueden hacer:
- En el hogar.
- En una casa.
- En un piso.
- En el campo.
- En la playa.
- A diario.
- En vacaciones.
- Relacionadas con el espíritu.
- Relacionadas con el cuerpo.
- Mixtas.

7. Escribid un cómic en el que se reflejen estas actividades sencillas en las que los protagonistas sean personas de vuestra edad.

8. Estos son los resultados de la encuesta del Instituto de la Juventud de 2004 en los que se pregunta a los jóvenes españoles sobre su ocio. Busca con tu compañero de clase las que podríamos denominar "actividades sencillas" y comprueba sin son las más numerosas. ¿A qué conclusiones se puede llegar con estos datos?

Relación entre preferencia y práctica habitual de las actividades de ocio

NO SATISFECHAS	INTERMEDIAS	SATISFECHAS
Viajar (35%)	Ir a museos (15%)	Beber, ir de copas (6%)
Ir de excursión (26%)	Ir al cine (13%)	Leer libros (6%)
Ir al teatro (23%)	Descansar (12%)	Salir con amigos (4%)
Ir a conciertos (22%)	Discotecas bailar (10%)	Oír la radio (4%)
Hacer deporte (19%)	Jugar videojuegos (7%)	Escuchar música (3%)
Espectáculos deportivos (17%)	Ir a conferencias (7%)	Leer periódicos (3%)
Usar ordenador (7%)	Ver la televisión (2%)	

Fuente: INJUVE-2004. [20]

---

[20] Ver: www.eduso.net/juventud/documentación (Página consultada el 19 de febrero de 2006).

20. Reflexiones finales

Con todo lo expuesto, no se pretende demonizar ninguna de estas formas de ocio. Es bueno y divertido ir a patinar sobre hielo o celebrar el día de los enamorados yendo al cine a un centro comercial en el que se disfruta de una comida o una chuchería con la persona querida. También nos recreamos haciendo fotos con una cámara último modelo o asistiendo a un zoológico con la familia o los amigos.

Lo que no es bueno es creer que para pasarlo bien en los ratos libres hay que gastar, consumir desmesuradamente; no es conveniente acostumbrarse a todos los caprichos olvidando que existen personas en nuestro alrededor que carecen de lo básico; no es bueno dejar nuestros gustos y aficiones personales porque trasciende de los circuitos consumistas o de lo que hace toda la gente; no es bueno, en definitiva, vivir para tener y no tener para vivir. *No es más el que más tiene sino el que menos necesita.*

Cada vez disponemos de más tiempo de ocio, se nos ofrecen mayores posibilidades de ejercitarlo y nuestro papel de coeducadores con la familia debería mejorar la calidad del ocio del alumnado. Por ello, convendría que los profesores nos planteásemos:
- Si creemos realmente necesario asumir esta tarea.
- En caso afirmativo, profundizar –a través de lecturas, estudio, intercambio de experiencias, etc.– en el conocimiento teórico de la educación para el ocio.

- Asimismo, examinar nuestro propio tiempo libre para ver si es realmente de calidad, pues nadie da lo que no tiene; es decir, para educar, debemos ir por delante con nuestro ejemplo y coherencia personal.
- Conocer de primera mano cómo es el tiempo libre de nuestros alumnos y alumnas para poder abordarlo desde una perspectiva realista para mejorarlo, si fuera necesario.
- Definir unos objetivos claros y concretos que consigan pequeños cambios, pero sustanciosos, en los comportamientos de los chicos respecto al empleo de su tiempo.

Por último, podemos considerar que hemos venido a este mundo para VIVIR, no para transcurrir, para hacernos y sentirnos personas plenas en todo el tiempo que se nos ha dado.

21. Referencias bibliográficas

Alegre, O.Mª. (2003). *La discapacidad en el cine.* Barcelona. Octaedro.

Andrade, B. y Pereira, Mª.C. (2004). *Algo más que un jefe.* Proyecto Cine e Saúde. Ourense. Xunta de Galicia. Concellería de Sanidade del Concello de Ourense.

Arroyo, M. (2002). *Educarse y educar hoy: 500 pensamientos y estímulos para ayudar al crecimiento en valores.* Madrid. CCS.

Balsebre, A. (1994). *El lenguaje radiofónico.* Madrid. Cátedra.

Barrena, P. y otros (2001). *Libros infantiles y juveniles para hacer buenos lectores.* Madrid. Anabad.

Bernal, A. (Coord.) (2002). *El voluntariado. Educación para la participación social.* Barcelona. Ariel.

Betancor, M.A. (2002). "Violencia, deporte y educación". En *Revista Padres y Maestros*, 266, pp. 27-31.

Borja, M. (2000). *Las ludotecas: instituciones de juego.* Barcelona. Octaedro.

Buitrago, Mª.J. (1999). "Comer y aprender". En *Saudiña.* Periódico dos temas transversais do curriculo, octubre.

Buitrago, Mª.J. (2002). "Aprendemos viajando". En *Guix,* 290, diciembre, pp. 31-36.

Buitrago, Mª.J. (2003). "Literatura, cine y valores". En *Padres y Maestros*, 278, pp. 19-22.

Buitrago, Mª.J. (2004). *El mar y la literatura.* Santiago de Compostela. Xunta de Galicia. Consellería de Pesca y Asuntos Marítimos.

Buxarrais, Mª.R. (1997). *La formación del profesorado en educación en valores.* Bilbao. Desclée de Brouwer.

Caillois, R. (1957). "Unité du jeu, diversité des jeux". En *Diogène,* 19, pp. 117-144.

Caride, J.A. y López, F.J. (2002). *Ocio y voluntariado social: búsquedas para un equilibrio integrador.* Bilbao. Deusto.

Caro Baroja, J. (1979). *El Carnaval. Análisis histórico-cultural.* Madrid. Taurus.

Casado, A. (2003). *Taller de cuentacuentos.* Madrid. CCS.

Cobo, J.M. (2005). *Otro mundo es posible. Propuesta de una utopía para el siglo XXI.* Madrid. Biblioteca Nueva.

Colom, A.J. (2000). *Desarrollo sostenible y educación para el desarrollo.* Barcelona. Octaedro.

Cortina, A. (2002). *Por una ética del consumo.* Madrid. Taurus.

Cuenca, M. (1998). "La intervención educativa en ocio y tiempo libre". En Pantoja, L. (Edit.). *Nuevos espacios de la Educación Social.* Bilbao. Mensajero, pp. 253-286.

Cuenca, M. (2000a). *Ocio y desarrollo humano.* Bilbao. Universidad de Deusto/World Leisure.

Cuenca, M. (2000b). *Ideas prácticas para la educación del ocio: fiestas y clubes.* Bilbao. Universidad de Deusto. Adoz.

Cuenca, M. (2005). *Ocio solidario. La experiencia en grupos de jóvenes y jubilados.* Bilbao. Universidad de Deusto.

Chion, M. (1993). *La audiovisión. Introducción a un análisis conjunto de la imagen y el sonido.* Barcelona. Paidós.

Dios, M. (2001). *Cine para convivir.* Santiago de Compostela. Toxosoutos.

Equipo Reseña (2006). *Cine para leer.* Julio-Diciembre. Bilbao. Mensajero.

Escámez, J. (Dir.) (1999). *Solidaridad y voluntariado social.* Unidad didáctica del profesor. Valencia. Fundación Bancaja.

Escámez, J. y Gil, R. (2001). *La educación en la responsabilidad.* Barcelona. Paidós.

Esteve, J.M. (2003). *La tercera revolución educativa. La educación en la sociedad del conocimiento.* Barcelona. Paidós.

Fernández Flórez, W. (1984). *El bosque animado.* Madrid. Espasa Calpe.

FERRÉS, J. (1994). *Televisión y educación.* Barcelona. Paidós.

Fraile, M. (197). *Novelas y cuentos.* Madrid. Magisterio español.

García Matilla, A. (2003). *Una televisión para la educación.* Barcelona. Gedisa.

García Moriyón, F. (2003). "Los derechos humanos y la educación del ciudadano". En *Revista de Educación.* Número extraordinario. Educación y ciudadanía, pp. 131-153.

Giacone, E. y Schiavetta, M. (2001). *Un juego al día: 183 juegos de grupo para todos los gustos y edades.* Madrid. CCS.

Gil, C. (2003). *¡A jugar con los poemas! Taller de poesía para niños.* Madrid. CCS.

González Blasco, P. y otros (2006). *Jóvenes españoles, 2005.* Madrid. Fundación Santa María.

González Martel, J. (1996). *El cine en el universo de la ética. El cine-fórum.* Madrid. Alauda-Anaya.

Gros, B. (2004) *Pantallas, juegos y alfabetización digital.* Bilbao. Desclée de Brouwer.

Gubern, R. (1995). *Historia del cine.* Barcelona. Lumen.

Hoyos, G. y Martínez, M. (Coords.) (2004). *¿Qué significa educar en valores hoy?* Barcelona. Octaedro.

Hollyer, B. (2003). *Todos a la mesa. Qué comen los niños y niñas del mundo.* Madrid. Fundación Intermon.

Hueso, A.L. (1983). *Los géneros cinematográficos.* Bilbao. Mensajero.

Hueso, A.L. (1998). *El cine y el siglo XX.* Barcelona. Ariel.

Huzinga, J. (1987). *Homo ludens.* Madrid. Alianza.

Instituto Pedagógico Padres y Maestros (2003). *Cine y transversales. Treinta películas para trabajar en el aula.* Bilbao. Mensajero.

Jarne, I. (2005) "Los géneros y subgéneros II". En *Making Of. Cuadernos de cine y Educación*, (35), Historia del cine, (IX) (coleccionable).
Jover, G. (1998). *Juventud y ocio*. Madrid. Universidad Complutense de Madrid.
Laín Entralgo, P. (1960). "Ocio y Trabajo". En *Revista de Occidente*.
Laín Entralgo, P. (1993). *Creer, esperar, amar*. Barcelona. Círculo de Lectores.
Larrosa, J. (1998). *La experiencia de la lectura. Estudios sobre literatura y formación*. Barcelona. Laertes.
Lázaro Carreter, F. (1997). *El dardo en la palabra*. Barcelona.
López Herrerías, J.A. (1998). "El deporte, espacio educativo". En Pantoja, L. (Ed.) *Nuevos espacios de la educación social*. Bilbao. Mensajero, pp. 337-365.
López Quintás, A. (1998). *Estética de la creatividad*. Madrid. Rialp.
López Ruiz, J.A. (2006). "Ocio y tiempo libre". En González Blasco, P. *Jóvenes españoles 2005*. Madrid. Fundación Santa María, pp. 345-400.
Luca de Tena, T. (2005). *Edad prohibida*. Barcelona. Planeta.
Maiztegui, C. y Pereda, V. (2000). *Ocio y deporte escolar*. Bilbao. Universidad de Deusto.
Marina, J.A. (2006). *Aprender a convivir*. Barcelona. Ariel.
Martí, L. (2000). *Por qué el voluntariado*. Madrid. CCS.
Martín, M. (1998). *Juventud y Consumo*. Madrid. Ministerio de Sanidad y Consumo. Instituto Nacional del Consumo.
Martín, M. (1999). *La tercera edad y el consumo*. Madrid. Ministerio de Sanidad y Consumo. Instituto Nacional del Consumo.
Martínez, M. (1998). *El contrato moral del profesorado. Condiciones para una nueva escuela*. Bilbao. Desclée de Brouwer.
Martínez, M. y Bujons, C. (Coords.) (2001). *Un lugar llamado escuela. En la sociedad de la información y de la diversidad*. Barcelona. Ariel.

Martínez-Salanova, E. (2002). *Aprender con el cine, aprender de película. Una visión didáctica para aprender e investigar con el cine.* Huelva. Grupo Comunicar.

Martínez-Salanova, E. (2005). "Ciudadanos y pantallas: pasividad o responsabilidad". En *Comunicar,* 25.

Martínez-Salanova, E. (2006). "La televisión educadora y la figura de los padres". En *Revista Padres y Maestros,* 300.

Megías, E. (1999). *Estructura y funcionalidad de las formas de diversión nocturnas: límites y conflictos.* Madrid. Instituto de la Juventud.

Meirieu, P. (2004). *Referencias para un mundo sin referencias.* Barcelona. Graó.

Ministerio de Educación y Ciencia (1992). *Transversales.* En Colección de materiales curriculares para la Educación Primaria y Educación Secundaria: Cajas Rojas. Madrid. MEC.

Moles, A. (1973). *Psicología de la comunicación.* Buenos Aires. Paidós.

Naval, C. y Sádaba, C. (2005). "Jóvenes y medios de comunicación". En *Revista de Estudios de Juventud. INJUVE.* Monográfico, 68.

Novo, M. (1995). *La educación ambiental.* Madrid. Publicaciones de la Universidad Complutense.

Núñez, L. (2000). *La escuela toma la palabra.* Madrid. PPC.

Núñez, M.P. (2001). "El papel de la lectura en la enseñanza-aprendizaje: la literatura en la Educación Secundaria". En *Revista CLIJ,* literatura infantil y juvenil, (178), pp. 67-68.

Olmedo, A. y Álvarez, C. (1997). *Taller de educación para la paz, la solidaridad y la tolerancia.* Junta de Extremadura. Dirección General de Juventud.

Ortega, P.; Mínguez, R. y Gil, R. (1996). *La tolerancia en la escuela.* Barcelona. Ariel.

Ortiz, I. (2004). *Atlas ilustrado de bricolage y decoración.* Barcelona. Susaeta, S.A.

Pedrola, A. (2004). *Procedimientos y técnicas pictóricas.* Barcelona. Ariel.

Pereira, C. (2005). *Los valores del cine de animación. Propuestas pedagógicas para padres y educadores.* Barcelona. PPU.

Pieper, J. (1984). *Una teoría de la fiesta.* Madrid. Rialp.

Plaza, J.M. y Felipe, A. (2000). *De Canciones de amor y dudas.* Madrid. S.M. El Barco de Vapor. Serie Oro.

Pomes, L. (2004). *Comer es una fiesta.* Barcelona. RBA.

Puig, J.Mª y Trilla, J. (1996). *La pedagogía del ocio.* Barcelona. Laertes.

Quintana, J.Mª (Coord.) (1993). *Pedagogía familiar.* Madrid. Narcea.

Rodríguez Neira, T. (1999). *La cultura contra la escuela.* Barcelona. Ariel.

Rodríguez, R. y Rodríguez, R.Mª. (2000). "La adicción a la compra: revisión y necesidad de estudio en la realidad española". En *Estudios sobre Consumo.* Madrid. Año VX, 52, pp. 75-98.

Romero, C. (2000). *El conocimiento del tiempo educativo.* Barcelona. Laertes.

Ruiz Olabuénaga, J.I. (1996). *Los desafíos del ocio.* Bilbao. Deusto.

Santos, M.A. y Touriñán, J.M. (2004). *Familia, educación y sociedad civil.* Santiago de Compostela. ICE-Universidad de Santiago de Compostela.

Sanz, F. (2006). *El aprendizaje fuera de la escuela. Tradición del pasado y desafío para el futuro.* Madrid. Ediciones Académicas.

Schujman, G. (Coord.) (2004). *Formación ética y ciudadana: un cambio de mirada.* Barcelona. Octaedro.

Sueiro, E. y Pereira, Mª.C. (1999). *Malos tragos. Xuventude, Alcohol e Publicidade.* Orientacións para a prevención e desenvolvemento. Material didáctico para a aula. Ourense. Concello de Ourense. Concellería de Sanidade-Xunta de Galicia. Plan de Galicia sobre Drogas.

Torre, S. de la; Pujol, M. A. y Rajadell, N. (Coords.) (2005). *El cine, un entorno educativo. Diez años de experiencias a través del cine.* Madrid. Narcea.

Torrego, L. (1999). *Canción de autor y educación popular.* Madrid. Ediciones La Torre.

Touraine, A. (2005). *Un nuevo paradigma para comprender el mundo de hoy.* Barcelona. Paidós.

Touriñán, J.M. (1997). "La racionalidad de la intervención pedagógica". En *Revista de Educación,* 314, pp. 157-186.

Touriñán, J.M. (Dir.) (2005). *Educación electrónica. El reto de la sociedad digital en la escuela.* Santiago de Compostela. Xunta de Galicia.

Vargas, L. (1995). *Técnicas participativas para la educación popular.* Madrid, Editorial Popular.

Varios Autores (1999). *En el aire. 75 años de Radio en España.* Madrid. Promotora General de Revistas.

Varios Autores (2001). *Integración de personas con disminución psíquica en el tiempo libre.* Madrid. CCS.

Vázquez, G. (Edit.) (2001). *Educación y calidad de vida.* Madrid. Universidad Complutense.

22. Páginas web de interés[21]

www.animacor.com
www.ateiamerica.com/pages/cine/
www.aulacreativa.org/cineducacion/historiasufer.htm
www.buscacine.com
www.ciberanika.com
www.cinehistoria.com
www.cinemania.net
www.cineparaleer.com
www.cineysalud.com
www.comunicacionypedagogia.com
www.concienciasolidaria.com
www.consorcioaudiovisualdegalicia.org
www.edualter.org/material/juguete/valores
www.educalia.org
www.educared.net
www.estinga.com
www.fad.es
www.filmoguia.com
www.guiadeljuguete.com
www.iocsinfantiles.com
www.iris.cnice.mecd.es/media/cine/index/html
www.laventanita.net
www.lasrevistas.com
www.oscar.com
www.otrocampo.com
www.todocine.com
www.salondelhobby.com
www.victorian.fortunecity.com/muses/116/cinematografo.html

---

[21] Todas estas páginas han sido consultadas (1 de septiembre de 2006).

23. Bibliografía recomendada

Cobo, J.M. (2005). *Otro mundo es posible. Propuesta de una utopía para el siglo XXI.* Madrid. Biblioteca Nueva.
Cortina, A. (2002). *Por una ética del consumo.* Madrid. Taurus.
Cuenca, M. (2005). *Ocio solidario. La experiencia en grupos de jóvenes y jubilados.* Bilbao. Universidad de Deusto.
Dios, M. (2001). *Cine para convivir.* Santiago de Compostela. Toxosoutos.
Elzo, J. (2006). *Los jóvenes y la felicidad.* Madrid. S.M.
Escámez, J. y Gil, R. (2001). *La educación en la responsabilidad.* Barcelona. Paidós.
Esteve, J.M. (2003). *La tercera revolución educativa. La educación en la sociedad del conocimiento.* Barcelona. Paidós.
Hoyos, G. y Martínez, M. (Coords.) (2004). *¿Qué significa educar en valores hoy?* Barcelona. Octaedro.
Hueso, A.L. (1998). *El cine y el siglo XX.* Barcelona. Ariel.
Instituto Pedagógico Padres y Maestros (2003). *Cine y transversales. Treinta películas para trabajar en el aula.* Bilbao. Mensajero.
Marina, J.A. (2006). *Aprender a convivir.* Barcelona. Ariel.
Martínez, M. y Bujos, C. (Coords.) (2001). *Un lugar llamado escuela. En la sociedad de la información y de la diversidad.* Barcelona. Ariel.
Martínez, M. y Hoyos, G. (Coords.) (2006). *La formación en valores en sociedades democráticas.* Barcelona. Octaedro.

Martínez-Salanova, E. (2002). *Aprender con el cine, aprender de película. Una visión didáctica para aprender e investigar con el cine.* Huelva. Grupo Comunicar.
Meirieu, P. (2004). *Referencias para un mundo sin referencias.* Barcelona. Graó.
Schujman, G. (Coord.) (2004). *Formación ética y ciudadana: un cambio de mirada.* Barcelona. Octaedro.
Touraine, A. (2005). *Un nuevo paradigma para comprender el mundo de hoy.* Barcelona. Paidós.

24. Anexo

DESARROLLO DE UN CINE-FORUM[22]

Por experiencia propia, podemos afirmar que el cineforum es una actividad ideal tanto para conseguir un mejor conocimiento y una mayor afición al cine como para aprovechar toda la riqueza formativa que permite la visión de una película. Por eso, para facilitar la comprensión de esta actividad y su aplicación, vamos a presentar y analizar una definición de la misma y a precisar sus principales objetivos y formas de desarrollo. A través de esta breve presentación se comprobará que estamos *ante una técnica, ante una metodología* que se ha ido perfeccionando con las aportaciones de quienes la han llevado a la práctica. Si sigue fielmente un modelo en todos sus pasos, se comprobará todo lo que aporta para dinamizar la participación de un grupo y para conseguir el máximo aprovechamiento de la visión de una película. Pero, como es lógico, a medida que se familiarice una persona con esta técnica, actuará con más soltura e insistirá más en unos apartados de ella que en otros, ya sea por las características del film que se ha visionado, por la intencionalidad o sensibilidad de quien la está llevando a cabo o por las características de las personas a quienes se dirige.

---

[22] Esquema extraído de: *El cineforum, una estrategia de intervención pedagógica.* En PEREIRA, C. *Los valores del cine de animación. Propuestas pedagógicas para padres y educadores.* Barcelona. PPU, 2005, pp. 207-210.

Exponemos a continuación las ideas y esquemas que llevamos a la práctica cuando desarrollamos esta actividad por si pudieran ser de alguna utilidad. Inicialmente empezamos siguiendo las orientaciones de una publicación de González Lucini (1980)[23], obra que a pesar de los años transcurridos nos sigue pareciendo válida en su contenido fundamental. Poco a poco hemos ido introduciendo modificaciones para adaptarla a nuestros intereses y experiencia, a partir de las numerosas veces que hemos hecho cineforum con personas muy distintas y en ambientes muy diversos.

DEFINICIÓN

Entendemos por cineforum como aquella actividad pedagógica de grupo que, apoyándose en el cine como eje, persigue, a partir del establecimiento de una dinámica interactiva de los participantes, descubrir, vivenciar y reflexionar sobre las realidades y valores que persisten en el grupo o en la sociedad.

Si analizamos esta definición, distinguimos tres momentos clave que configuran el desarrollo de esta técnica grupal, es decir:
1. El grupo participa de modo conjunto de la actividad educativa y se sumerge en una experiencia solidaria.
2. Se establece una dinámica interactiva donde el cine favorece la transmisión de vivencias personales y de grupo, que posibilita la reflexión, el diálogo y el juicio crítico entre los participantes.
3. Se descubren, vivencian y reflexionan realidades que viven o están latentes en el grupo, provocando cambios de actitud y convirtiéndonos en espectadores críticos, reflexivos y comprometidos con los problemas sociales.

---

[23] GONZÁLEZ LUCINI, F. *Música, canción y pedagogía.* Barcelona. Edebé, 1980.

OBJETIVOS

Dirigimos el desarrollo del cineforum hacia el logro de objetivos vinculados a los valores, pero ello no supone el olvido de aquellos que tienen que ver con la adquisición por parte del alumnado de una cultura cinematográfica (cine como fin en sí mismo).

➢ Valorar el cine, un recurso que nos acerca a temas humanos, al mundo de las relaciones interpersonales e intrapersonales.
➢ Establecer un proceso de interiorización crítica a partir de la película seleccionada.
➢ Crear un clima de comunicación interpersonal e intrapersonal, desde lo percibido e interiorizado durante la proyección del film.
➢ Profundizar en la discusión planteada que conduzca a la toma de conciencia, individual y colectiva.
➢ Potenciar el gusto por la observación, la reflexión y el juicio crítico.
➢ Conocer las nociones básicas del lenguaje cinematográfico: imagen, texto, música, sonido, color.
➢ Desarrollar una imagen positiva de sí mismos, valorando nuestra identidad, nuestras capacidades y limitaciones de acción, expresión y escucha.

DESARROLLO DEL CINEFORUM

El proceso organizado de esta técnica pasa por cinco fases: *planificación, ambientación, proyección de la película, profundización y síntesis y evaluación.*

Seguidamente se exponen, a modo de esquema, estos cinco pasos aunque insistimos en la flexibilidad de cada experiencia práctica para adaptarse a las exigencias de cada contexto socioeducativo:

1. FASE DE PLANIFICACIÓN

En este momento:
- Se elige el tema a tratar.
- Se busca y selecciona el material cinematográfico y
- Se organiza el contenido de trabajo y material auxiliar.

Este paso se corresponde con los puntos expuestos para cada una de las películas seleccionadas: ficha técnica, historia o argumento, apreciaciones para antes de la proyección, secuencias-escenas y cuestiones seleccionadas, actividades para después de la proyección.

2. FASE DE AMBIENTACIÓN

Es la ocasión para centrarse en:
- El clima y la motivación del grupo.
- El tema del contenido global.
- La dinámica de trabajo de grupo a seguir y
- El material cinematográfico.

Antes de ver la película: sugerencias de algunas propuestas educativas.

3. FASE DE PROYECCIÓN DE LA PELÍCULA

En esta etapa se precisa silencio y concentración con el objeto de captar el mensaje global del film. Para ello, es necesario contar con una sala que reúna condiciones idóneas de visión y audición. Es la ocasión donde, como espectadores y a modo individual, entramos en contacto y nos recreamos con el recurso cinematográfico.

4. FASE DE PROFUNDIZACIÓN Y SÍNTESIS

Este momento se caracteriza por:
- La expresión de lo percibido en su conjunto.
- El análisis de la película.

- Los sentimientos y vivencias suscitados.
- La reflexión sobre las vivencias anteriores y
- La síntesis de lo expresado, percibido y experimentado.

Para ello, es aconsejable seleccionar las secuencias-escenas fílmicas más significativas y también, de modo paralelo, de formular unas cuestiones a dichas secuencias-escenas con el fin de favorecer la dinámica de diálogo y reflexión sobre la película elegida. Se seguirán los apartados correspondientes de la película.

5. FASE DE EVALUACIÓN

Es la oportunidad de:
- Analizar desde el grupo toda la experiencia.
- Revisar los objetivos propuestos y
- Estudiar aquellos aspectos que mejoren y retroalimenten esta intervención pedagógica desarrollada.

Algunas cuestiones para formular al grupo sobre la película:

— ¿Qué opinión os merece?
— ¿Qué os ha parecido la experiencia vivida en grupo?
— ¿Cómo os habéis sentido? ¿Y qué habéis aprendido?
— ¿Creéis que el recurso fílmico elegido, ha cumplido las expectativas deseadas por todo el grupo?
— ¿Habéis compartido alguna intervención pedagógica similar a ésta?
— ¿Modificaríais algún apartado desarrollado? ¿Cuál? ¿Qué mejoras añadiremos?
— ¿Conocéis otras películas que nos ayuden a vivenciar percepciones parecidas?
— Desde esta experiencia, ¿ha cambiado vuestra actitud a la hora de visionar una película? Entre todos comentamos las impresiones expresadas.

OTROS TÍTULOS DE LA MISMA COLECCIÓN

Educar valores en grupo.
Juan Manuel Alarcón Fernández.

Motivar en el aula. El arte de hacer que hagan.
Juan Gabriel Bellido Bautista.

Educar en valores con los cinco sentidos. Dibujos, poemas, frases y actividades.
Alfonso Francia y Otilia Oviedo.

500 actividades con grupos.
Otilia Oviedo.

Magia fácil para todos.
Ricardo Martín de Monet.

Estrategias educativas en el aula.
Matilde Bravo Benítez.